Mike Hellwig

Radikale Kreativität
Befreie deine schöpferische Energie

(Radikale Erlaubnis Projekt Band 3)

Titel der Originalausgabe: Die Kraft deines inneren Kindes.
Befreie deine schöpferische Energie. Lüchow-Verlag, Stuttgart 2009
Überarbeitete und ergänzte Neuauflage 2017

4. überarbeite Auflage 2021
Mike Hellwig, c/o AutorenServices.de, Birkenallee 24, 36037 Fulda

Cover- und Textgestaltung: Monika Orend
Coverbild: Mike Hellwig
Autorenfoto: privat
Abbildungen: Mike Hellwig

ISBN-13: 978-1977755469 (CreateSpace-Assigned)
ISBN-10: 1977755461

Mike Hellwig

Radikale Kreativität

Befreie deine schöpferische Energie

(Radikale Erlaubnis Projekt Band 3)

Bisher vom Autor erschienen:

Sachbuch

Befreie dein inneres Kind *(2007)*

Wie wir uns vom Positiven Denken heilen *(2011)*

**Radikale Erlaubnis
Energetischen Missbrauch erkennen und beenden** *(2014)*

**Traumaheilung durch Radikale Erlaubnis:
Mein Leben mit Trauma und meine Therapie
der Radikalen Erlaubnis** *(2016)*

**Radikale Kreativität:
Befreie deine schöpferische Energie** *(2017)*

Belletristik

Das Rauschen in der Tiefe *(2020)*

Paradise Beach *(2020)*

Hörbuch
gelesen von Mike Hellwig

Radikale Erlaubnis

Das Rauschen in der Tiefe

Paradise Beach

Dieses Buch

„Wenn wir ans Licht bringen, womit wir in Wahrheit ringen, heilen alle Wunden, die uns je zugefügt worden sind."

In diesem Buch leitet Mike Hellwig zu dem entscheidenden Schritt an, unser inneres Kind unzensiert durchkommen zu lassen – und die gewaltige schöpferische Kraft zu entfesseln, die in uns verborgen liegt.

Im dritten Band seines groß angelegten *Radikale Erlaubnis Projekts* auf dem Weg zum Menschen, der sich vollumfänglich bekennt, ermutigt Mike Hellwig voller Begeisterung dazu, unser Innerstes ans Licht zu bringen und auszudrücken.

Der bekannte Therapeut und Schriftsteller gibt genaue Instruktion, wie wir unseren inneren Kritiker zu unserem Freund machen und dadurch automatisch in einen Schaffensprozess hineinkommen, der Spaß macht und tiefste Freude bringt, der uns dazu anregt, unserem Drama ins Gesicht zu lachen und wieder zu spielen.

Der Autor

Mike Hellwig
geboren 1964, wandte sich nach einem Studium der Germanistik der Psychologie zu und entwickelte die „Radikale Erlaubnis".
Seit 2017 widmet er sich verstärkt der Literatur und Malerei.
Er lebt und arbeitet in Hamburg.

„*Jedes Kind ist ein Künstler. Das Problem ist nur, ein Künstler zu bleiben, während man erwachsen wird.*“

Pablo Picasso

Inhalt

**1. Kapitel
Wer in unserer Innenwelt
miteinander kämpft**

Der innere Kritiker und das innere Kind · Freuds
Rausschmiss · Wie wenig ich durchhabe · Vorsicht
mit meiner Wahrheit · Wir sind unsere Konflikte · Der
Trojanische Krieg ist in uns · Picassos Umarmung ·
Nie wieder verzeihen

**2. Kapitel
Wie der innere Kritiker aussieht**

Jeder hat ihn · Der innere Kritiker als Kind · Wo der
innere Kritiker wohnt · Begrüßen Sie ihn · Den inneren
Kritiker spüren · Seine Gefühle begleiten · Der
innere Kritiker hat Angst · Der Bauch – ein Raum der
Erlaubnis · Erlaubnis bringt die Kraft · Den inneren
Kritiker rufen · Blockaden · Erlauben Sie den Konflikt

Vorwort

Warum soll man Therapie machen und sich seinem Schmerz stellen, wenn nicht heiterste Leichtigkeit herausspringt? Freiheit, Begeisterung, Spaß, tiefste Freude, das sind die Dinge, die wir wollen. Sie alle werden uns in dem Moment zuteil, wenn unsere schöpferische Energie zu fließen beginnt.

Dieses Buch ist eine Huldigung an die Kreativität – an die schöpferische Energie, die in uns allen wirkt und die alle Wunden zu heilen vermag, die uns je zugefügt worden sind.

Getragen von der Begeisterung und dem unglaublichen Freiheitsgefühl, alles, was in mir ist, radikal zu erlauben und unzensiert auszudrücken, schrieb ich 2009 *Die Kraft deines inneren Kindes: Befreie deine schöpferische Energie.* Es war damals schnell vergriffen, der Verlag wurde aufgekauft, und das Buch verschwand vom Markt. Es hat Jahre gedauert, bis die Rechte an mich zurückfielen.

Diese überarbeitete und ergänzte Wiederveröffentlichung acht Jahre später ist meine Würdigung und Bestätigung des damaligen Textes. Mich berührt die ungeheure Grundfreundlichkeit, die durch ihn hindurch scheint: dass wirklich alles, was in uns ist, etwas Gutes für uns will.

Auch ist der Text das fehlende Puzzleteil, der „missing link“, der die Lücke zwischen meiner therapeutischen Arbeit (siehe „Radikale Erlaubnis“ und „Traumaheilung durch Radikale Erlaubnis“) und meinem künstlerischen Werk (siehe „Paradise Beach“ und „Das unentdeckte Land“) schließt.

Therapie ist eine Krücke. Sie ist kein Selbstzweck und sie ist nicht unser Schicksal. Sie kann uns nur darin assistieren, radikal zu erlauben, was sich wirklich in uns abspielt. Aber Heilung und Aussöhnung geschehen erst, wenn wir ans Licht bringen und ausdrücken, womit wir in Wahrheit ringen – *und es nicht mehr geheim halten!*

Dieses Buch leitet zu dem entscheidenden *heilenden* Schritt an: vom Neurotiker, der sein Innenleben einkerkert und ständig an sich herumdoktert, zum bekennenden Künstler zu werden, der seinem Drama ins Gesicht lacht und damit zu spielen anfängt. Viel Spaß!

Mike Hellwig, Herbst 2017

Einleitung

Kennen Sie diese innere Stimme, die sagt: Erst wenn du einen völlig durchtrainierten Körper hast, nie mehr Fleisch, Fettes oder Süßes isst, nicht rauchst, keinen Alkohol trinkst, jeden Tag meditierst, Yoga machst und nur noch positiv denkst – dann bist du okay! Erst wenn du dies und jenes geleistet hast, dann darfst du glücklich sein!

Früher, als ich noch nicht den Humor hatte, den Krieg in meinem Inneren witzig zu finden und als kreatives Potenzial zu nutzen, habe ich das Vorgenannte geglaubt und mit aller Gewalt gelebt. Das waren die unkreativsten und freudlosesten Phasen meines Lebens. Das Ende solcher Phasen war immer abrupt und radikal. Ich erinnere mich, wie mich einmal eine solche Wandlung mitten auf einer Verkehrsinsel traf und festnagelte: Ich hatte gerade zwei Wochen hinter mir, in denen ich all die Dinge von oben absolut straight gelebt hatte, tja, da ging ich also von der Uni nach Hause, streifte einen Kiosk mit einem Seitenblick, sah die Rauchschwaden, die der Kioskbesitzer über die aufgebahrten Zigaretten, Biere und Spirituosen blies. Ich dachte bei mir: Äh! Was für eine Lasterhöhle! Ein Glück, dass du damit nichts mehr zu tun hast! Ich passierte den Kiosk und kam an die vierspurige Straße, hinter der die Grindel-Hochhäuser standen, dort wartete meine Fünfzehn-Quadratmeter-Wohnung auf mich, der Salat, ein Glas Wasser und ein Abend der Meditation. Den Fernseher hatte ich abgeschafft, Frauen waren auch verboten. Ich schaffte es noch, die ersten zwei Spuren zu überqueren, weiter kam ich nicht, ich blieb auf der besagten Verkehrsinsel hängen. Mein Magen krampfte sich zusammen, und ich hielt mich an der Ampel fest. Ist das ein karges, trostloses Leben, dachte ich, ich darf ja gar nichts mehr. Wie lange soll denn das noch so weitergehen, fragte ich mich. *Für immer*, kam sofort die Antwort. Eine andere Stimme schrie: *Nein, das halte ich nicht aus!*

Mein Körper hatte sofort auf die zweite Stimme reagiert und sich gedreht. Er zielte auf den Kiosk und machte den ersten Schritt.

Nein! Besser du stirbst in Ehre, als dass du in Schande lebst! donnerte die erste Stimme. Nun machten meine Beine wieder einen Schritt in die andere Richtung- in die mit dem Salat und der Meditation — wurden aber von der zweiten Stimme sogleich wieder gebremst. So ging das eine Weile hin und her. Passanten, die Zeuge dieser Brummkreisel-Bewegung wurden, blieben stehen und fragten mich: Was führen Sie denn hier für eine Slapstick — Nummer auf?

Nun, es endete damit, dass ich mich für die zweite Stimme entschied: für ein Leben in Schande.

Ein Leben in Schande macht Spaß, zumindest in der ersten Zeit. Juhu, ruft man, wie voll das Leben ist, wenn man wieder alles darf! Es ist ein Genuss, das Regiment der gnadenlosen Stimme zu brechen und ihren Forderungen Hohn zu spotten. Ich verließ die Uni und fing an, Bücher zu schreiben, Bilder zu malen, Comedy-Videos zu drehen. Ich sprudelte über vor kreativen Ideen, und ich dachte, das muss einfach Erfolg haben. Doch der ließ auf sich warten und mir ging das Geld aus. Ich wusste nicht mehr, wie ich die Miete zahlen, wie ich am nächsten Tag an etwas zu essen kommen sollte. Da verging mir der Spaß und mit ihm alle Kreativität. Kurz vor Torschluss machte ich den Taxischein und fuhr Freitag – und Samstagnacht Taxi.

Ich geriet auf die Nachtseite der Existenz. Ganz wie es das Klischee will, lud ich mir Wahnsinnige ins Auto, die mir auf der Fahrt ihre Pistole zeigten und an den Kopf hielten, oder es fragten mich Prostituierte, ob ich noch auf einen Sprung mit heraufkomme. Eine Weile war das spannend. Ich war ja nur Gast in dieser Welt, ein Schriftsteller auf der Suche nach Erfahrungen. Aber der künstlerische Erfolg blieb aus, und die Wahrheit war, dass ich die Mitte zwanzig überschritten hatte und von der Hand in den Mund lebte. Nach zwei oder drei Jahren reihte ich mich in die wartenden Taxis ein, aber mein Blick hatte sich verändert. Ich sah andere Taxifahrer, die schon ein paar Jahre länger dabei waren, Menschen, die an ihren Träumen gescheitert waren und nun als Zyniker ihr Dasein fristeten. *Siehst du*, erklang jene erste Stimme aus meinem Innern, *siehst du, was es dir eingebracht hat!* Ja, ich sah. *Dann schwöre dem Übel ab und widerrufe!* Ja, sagte ich, jetzt habe ich verstanden, jetzt mache ich nur noch, was du willst!

Ich wechselte die Seite. Ich wurde Heilpraktiker, und dafür schuftete ich mehrere Jahre lang. Wenn ich noch einmal malte oder schrieb, dann riss ein Konflikt in mir auf, der alles in Frage stellte, was ich tat. Es war zu gefährlich, ich ließ es ganz. Zum Schluss stand ich tagsüber in der Praxis, als Therapeut im weißen Kittel, und nachts fuhr ich Taxi, um die Praxis zu finanzieren. Es gab keinen Spaß mehr, mein Leben bestand nur noch aus Mühsal und Plage.

Nun, in diesem Buch befassen wir uns mit der Lösung solcher Konflikte. Aber vielleicht denkt gerade manch einer: Mensch, dieser Typ da, der das schreibt, der ist doch schizophren! Der hat zwei Persönlichkeiten, zwischen denen er hin- und herpendelt, mit mir hat das Ganze jedenfalls nichts zu tun.

Ich behaupte, doch. Ich behaupte, dass auch Sie solche Anteile in sich haben, wenngleich Sie ihren Krieg vielleicht nicht so extrem erleiden mögen, wie ich es hier schildere. Ich behaupte, dass wir alle diese verschiedenen widerstreitenden Anteile in uns haben und uns wechselweise mit ihnen identifizieren. Einen gnadenlosen Anteil, *den inneren Kritiker*, der uns sagt, was wir zu tun haben, damit wir okay sind, und einen anderen Anteil, der nur will, dass wir Spaß haben, *das innere Kind*. Und wenn wir uns mit einem von ihnen identifizieren, dann grenzen wir den anderen Teil von uns aus und erleiden die Einengung unserer Persönlichkeit. In diesem inneren Krieg verstrickt zu sein, bedeutet zu leiden. Etwas von uns darf nicht sein, etwas in uns ist nicht gut und muss überwunden werden. Solche Kämpfe, seien sie uns bewusst oder unbewusst, kosten uns Kraft und rauben uns den Spaß am Leben. Man stelle sich vor, wie würden uns von diesem Kampf lösen, was wäre das für eine Kraft, die da frei wird, was könnte man mit der alles anstellen? Davon handelt dieses Buch. Wie man diesen Krieg in sich bejaht und die gebundene Kraft als schöpferische Energie befreit.

Wenn wir aufhören, mit unseren Konflikten zu kämpfen und sie lösen zu wollen, sondern sie erlauben und ausdrücken, dann befreien wir die gewaltigen schöpferischen Kräfte, die in uns gebunden sind. Wir finden uns, indem wir uns ganz zu dem bekennen, was in uns geschieht – und alles bejahen! Tatsächlich sind es unsere Konflikte, unsere inneren Kämpfe, die uns einzigartig machen. Was wir *insgeheim* in uns bewegen – das ist unser wahres schöpferisches Potenzial.

Ich möchte Ihnen hier ein Buch vorlegen, wo mein inneres Kind durchkommt, seine ganze Leichtigkeit, seine Freude daran, mit den Dingen zu spielen. Anders als mein erstes Buch *Befreie dein inneres Kind* ist dieses Buch nicht *über*, sondern *mit* dem inneren Kind geschrieben. Meine Idee ist, dass Ihnen meine Erfahrungen, meine Bilder und meine Geschichten aus der Arbeit mit dem inneren Kind Spaß bringen. Mein Wunsch ist, dass Sie Lust bekommen, sich mit Ihrem inneren Kind zu verbinden; dass Sie in Ihre Innenwelt eintauchen und sie genießen!

Ich stelle Ihnen hier Techniken vor, die es jedem ermöglichen – ganz gleich, ob Sie Künstler sind oder sich für den unkreativsten Menschen auf der Welt halten, aus dem inneren Kind heraus zu malen und Geschichten zu schreiben. Alles, was in uns vorgeht, entfaltet sein schöpferisches Potenzial, *wenn wir es nur erlauben.*

Ich möchte Sie im Folgenden dazu einladen, die Freude an Ihrem inneren Kind zu genießen und seine Kraft durchkommen zu lassen.

Ihr Mike Hellwig

1. Kapitel
Wer in unserer Innenwelt miteinander kämpft

Ob wir es verdecken oder nicht, in uns tobt ein Krieg. Es ist der Krieg zwischen Vernunft und Trieb, zwischen Kopf und Bauch, psychoanalytisch gesprochen: zwischen Über – Ich und Es. Ich möchte aber die beiden Teile, die in uns um die Vorherrschaft ringen, den inneren Kritiker und das innere Kind nennen.

Der innere Kritiker und das innere Kind

Der innere Kritiker ist jener Teil in uns, der sich in der Kindheit dazu entschlossen hat, so zu werden wie unsere Eltern, also: Das darfst du nicht, jenes nicht, dieses gehört sich nicht, nun reiß dich aber mal zusammen! Das innere Kind ist hingegen der Anteil, der hemmungslos fühlt und spielen will – Spaß haben heißt seine Devise! Warum sollte dieser Konflikt unserer Kindheit heute aufgehoben sein? Etwa, weil wir einfach erwachsen geworden sind? Nein, keineswegs. Der Konflikt ist nach innen verlagert worden, wir kriegen ihn vielleicht gar nicht mehr mit und sind mit unserem inneren Kritiker identifiziert. Dann laufen wir als funktionierende Automaten durch die Gegend, wissen nicht mehr, was voll gefühlter Spaß, echtes Lachen oder wirkliche Traurigkeit ist. Wir sind Roboter, die nicht wissen, wer an der Fernbedienung spielt, die sie steuert. Der späte Freud sah das ähnlich. Er ersann den Todestrieb – also den Wunsch in uns, lieber zu sterben, als uns den ganzen Mist hier anzutun. Als Freud schon über siebzig war, schrieb er den Aufsatz: *Das Unbehagen in der Kultur.* Darin erdreistete er sich, die Frage zu stellen, ob Zivilisation und Anpassung den Preis unserer Entwurzelung wert seien – und verneinte sie. Die psychoanalytische Vereinigung, die er selbst gegründet hatte, fand das nicht gut und schmiss ihn achtkantig hinaus.

Freuds Rausschmiss

Ist Freuds Rausschmiss eine historisch korrekte Behauptung? Ehrlich gesagt, ich weiß es nicht mehr so genau, aber ich finde diese Idee gut, sie macht mir Spaß. Mein inneres Kind freut sich über diese Idee, dass der Meister den Mut hat, seine eigene Lehre infrage zu stellen – und dass ihn seine Schüler dafür als Ketzer abservieren! Ich könnte diese Behauptung jetzt nachprüfen und müsste recherchieren, aber das mache ich nicht, das würde den Flow unterbrechen und mir den Spaß am Weiterschreiben rauben. Ich bin kein Professor, und ich will mich hier gar nicht als wissenschaftliche Autorität darstellen. Ich will überhaupt keine Hierarchie zwischen mir und Ihnen, dem Leser und der Leserin. Wie Sie vielleicht schon bemerkt haben, ist dies nicht das Buch eines Heiligen oder Meisters – es ist nicht das Buch von einem, der schon alles durch hat.

Wie wenig ich durchhabe

Ich habe nicht allzu viel durch, es wundert mich sogar, wie wenig ich durchhabe. Alle Probleme, die ich früher hatte – ich bin heute (2008) 43 Jahre alt – habe ich auch heute noch, plus ein paar Hundert mehr. Trotzdem geht es mir viel besser als früher. Insgesamt, manchmal auch nicht. Vor kurzem, es war die Zeit um Weihnachten und Neujahr, ging es mir richtig schlecht, die Zeit liegt mir einfach nicht. Ich fühlte mich allein und verlassen und hing dem Gedanken nach, alles ist sinnlos, was ich tue. Als es mir so richtig schlecht ging, nahm ich mir mein Buch *Befreie dein inneres Kind* hervor und sagte mir: Okay, jetzt überprüfen wir mal, ob das wirklich funktioniert, was du da geschrieben hast. Ich habe eine Übung daraus gemacht (die Erlaubnis-Imagination im Körper mit einem Thema), und nach einer Stunde Arbeit hatte sich die Depression in eine voll motivierte, dem Leben zugewandte Verfassung verwandelt. Das alles kann man mit sich anstellen, so mächtig ist der Geist. Aber Sie müssen mein erstes Buch nicht gelesen haben, um dieses hier zu verstehen. Das erste Buch über das innere Kind ist therapeutisch orientiert, dieses zweite soll Sie auf eine andere Art mit der Leichtigkeit des Seins in Kontakt bringen. Deswegen ist dieses Buch eine gute Fortsetzung, aber auch völlig eigenständig.

Vorsicht mit meiner Wahrheit

Leichtigkeit, wenn sie echt ist, heilt. Schwere, wenn sie nicht zur Leichtigkeit führt, heilt nicht. Aber vorsichtig mit diesem Satz. Er eignet sich gut zum Zitieren, es ist aber nur meine Meinung, meine Erfahrung. Überprüfen Sie ihn. Er ist nicht wahr, weil ich ihn sage oder weil er in einem Buch steht. Wenn man einem Autor einige Seiten folgt und ihm Autorität zugesteht, dann entsteht leicht die Tendenz, seine Worte als absolute Wahrheit zu schlucken. Bei mir müssen Sie da vorsichtig sein. Wenn ich von etwas begeistert bin, dann neige ich zu radikalen Äußerungen. Dann rufe ich: Hey, das ist es jetzt, das ist die absolute Wahrheit, mehr geht nicht. Einige Zeit später widerrufe ich mit der gleichen Begeisterung und sage, das ist sie jetzt aber *wirklich*, die Wahrheit. Das geschieht, weil es ständig in mir arbeitet. Ständig überprüfe ich mein Innenleben, ständig ringe ich um Erkenntnis und Ausdruck, suche nach der reinen Wahrheit. Wenn man mich heute fragen würde, was ist deine Wahrheit, dann würde ich auf dem momentanen Stand meiner Selbsterkenntnis sagen: Die Wahrheit ist die, dass auch ihr Gegenteil wahr ist. Also, wenn Sie mir durch dieses Buch folgen, dann überprüfen Sie, ob es Ihnen Spaß macht, ob es Ihnen Freiheit schenkt, ob Sie sich näher kommen und mehr Freude an sich selbst haben. Das ist es, was zählt.

Wir sind unsere Konflikte

Alles ist wahr, alles darf sein. Alles, was in uns wird, ist wahr. Wenn ein Konflikt in uns ist, wenn ein Krieg in uns tobt, dann ist das die Wahrheit. Aber wir rennen da draußen rum und müssen so tun, als hätten wir keinen Konflikt. Wir wollen perfekt sein. Wenn wir nicht völlig von uns abgetrennt sind, wissen wir, dass wir das nicht sind. Wir glauben, erst

wenn wir unsere Konflikte gelöst haben, dann sind wir ganz
wir selbst, dann dürfen wir voll leben, dann sind wir heil.
Nein. Im Gegenteil. Immer ist in uns Konflikt, meistens sogar
ein dramatischer.

Das ist aber kein Problem, es wird nur zu einem Problem,
wenn wir das nicht anerkennen und uns stattdessen vormachen, wir wüssten Bescheid und hätten alles im Griff.

Der Trojanische Krieg ist in uns

Wie hilft Ihnen das Ganze dabei, zur Kraft Ihres inneren
Kindes vorzudringen und seine schöpferische Energie zu
befreien? Nun, es soll Ihnen Appetit machen auf sich selbst,
auf das, was in Ihnen geschieht. Homers Ilias und die ganze
Odyssee finden in Ihnen statt. Der Trojanische Krieg ist ein
Abbild Ihres Innenlebens: Dort kämpfen edle Trojaner mit
linken, heimtückischen Griechen um den Sieg – die Götter
und das Schicksal verhalten sich dabei absolut ungerecht. Das
ist unser wahres Leben, unser wahres Potenzial, nicht dieser
tägliche Frondienst, dieser alltägliche Stumpfsinn. Was wir insgeheim in uns bewegen, das ist unser eigentliches Leben, das
ist einzigartig, und wenn wir das in uns zulassen und ausdrücken, dann söhnen wir uns mit unserem Sein und dem, was
in unseren Leben passiert, aus. In uns ist die ganze Fülle, in
uns ist das Universum. Wenn wir darin eintauchen, kommen
wir mit einer Kreativität in Kontakt, die wir nicht mehr verstehen, aber endlos genießen können. Es ist wie Träumen.
Im Träumen fließt es ja auch immer wieder nach, immer

mehr, nie wird es aufhören. Strengen Sie sich an, wenn Sie träumen? Mitnichten. Sie machen das Gegenteil, sie schalten ab und schlafen, Kämpfen tun sie nicht. Kreativität und Spaß können wir nicht erkämpfen oder *er-wollen*. Das kommt alles automatisch, wenn wir loslassen. Wenn wir nach innen sagen, okay, ich lasse die Hand vom Ruder, macht ihr da mal. Dann geht es los. Dann sprudelt es los, und wenn wir das halbbewusst noch mitkriegen, denken wir: Unfassbar, ich mach doch gar nichts. Genau!

Picassos Umarmung

Als ich etwa dreizehn oder vierzehn Jahre alt war, musste ich eine Klassenarbeit im Kunstunterricht nachschreiben. Ich wurde mit einem Druck von Picassos Guernica in ein Klassenzimmer gesperrt und sollte in zwei Stunden einen bestimmten Bereich mit Tusche kopieren. Eine Geduldsprobe also, keine leichte Aufgabe für mich. Die erste Kunstarbeit hatte ich bereits geschwänzt und im Unterricht so wenig gesagt, dass sich die Kunstlehrerin nicht mehr an meinen Namen erinnerte. Und da damals einige schlimme Dinge hinter mir lagen, war die Schule das Einzige, was ich hatte, um Anerkennung zu finden. Entsprechend groß war der Druck, meine Hand zitterte, und nach einer Stunde hatte ich nichts außer einem Haufen zerknitterter Entwürfe zustande gebracht. Mir wurde klar, dass eine Sechs in Kunst drohte — und damit der Rausschmiss aus der Schule, ich dachte, das ist mein Untergang. Da passierte etwas ganz Wunderbares:

Ich sah eigentlich zum ersten Mal dieses Bild vor mir, diese gequälten, zerrissenen Figuren, die vor Schmerz aufschreien und den dunklen Himmel vergeblich um Gnade anflehen – und ich fühlte, das bin ja ich! Das passiert ja gerade in mir.

Anstatt mich selbst als einen gestörten Heranwachsenden zu betrachten, der seine Fehler überwinden und verdecken muss, erfuhr ich von Picasso, dass ich das nicht muss und vor allem, dass sein darf, was ich empfinde. Guernica gab mir die Erlaubnis, mich meinem Inneren zu öffnen und den dort tobenden Krieg anzuerkennen. Zugleich fühlte ich mich frei, befreit von jedem Druck, fantastisch: Ich griff zu den Pinseln und malte mein eigenes Guernica. Statt des Frondienstes der ersten Stunde brach nun Freude aus, absolute Kreativität. Ich hatte das Gefühl, ganz nah bei mir selbst zu sein.

Ich liebe dieses Gefühl, und wenn ich kann, suche ich jeden Tag danach, ich male Bilder oder schreibe eine Geschichte, sodass heraus kann, was in mir ist. Das macht mich glücklich und gibt mir das Gefühl, ich tue das, wozu ich da bin.

Soll ich erzählen, wie es weiterging? Ich frage mich das gerade, denn es ging damals nicht gut weiter. Der Kunstlehrerin schien schon die Verfassung zu missfallen, in der ich meine Arbeit abgab, dieser Stolz, diese strahlende Hochstimmung. Also schlug sie die Hände über den Kopf zusammen, alles falsch, alles schlecht, sagte sie. Am Ende gab es noch eine

Vier minus. Kein schönes Erlebnis, aber eines, mit dem man rechnen muss, wenn man seine eigene Kreativität entfaltet und damit in die Welt tritt. Man muss das geschützt tun, man darf es nicht in der Freude des spielenden inneren Kindes machen, sonst kann es so verletzt werden, dass es sich ganz zurückzieht. Dann übernimmt der innere Kritiker mit seiner vernichtenden Stimme und wir können jede Kreativität vergessen, denn jetzt bedeutet Kreativität nur noch Schmerz. Man will sich auch jeglicher Art von Spaß nicht mehr überlassen, ohne aufzupassen. Man hemmt die Freude in sich. Man sagt sich: *Lieber nicht so richtig freuen, sonst werde ich wieder verletzt! Lieber mich nicht mehr öffnen! Lieber verberge ich mich und halte unter Verschluss, was wirklich in mir passiert.*

So werden wir zu einer eingeschränkten, gehemmten Persönlichkeit, und natürlich wurde ich damals nach dieser und ähnlichen Erfahrungen zu einer solchen.

Heute weiß ich um den Segen des inneren Kritikers, er kann uns davor schützen, verletzt zu werden. Heute lasse ich mein inneres Kind mit hemmungsloser Freude eine Geschichte schreiben, Satzbau, Grammatik, Aufbau, das ganze Zeug interessiert mich nicht. Dann bleibt der Text eine Weile liegen, und wenn ich mit etwas anderen beschäftigt und davon erfüllt bin, dann nehme ich die Geschichte hervor und lese sie aus dem inneren Kritiker: Ich lese sie, wie es ein kritischer Leser oder Lektor tun würde. Ich betrachte sie also von außen. Meinem inneren Kind sage ich: *Du, das hat jetzt nichts mit dir zu tun. Was du da gemacht hast, ist so wundervoll, so kreativ, so klasse, aber die da draußen, die können das nicht verstehen. Deshalb bringe ich das jetzt in eine solche Form und wappne uns gegen ihre Ignoranz. Ich schütze uns nur!*

Der innere Kritiker und das innere Kind sind nicht mehr zu gleicher Zeit aktiv, denn das funktioniert nicht. Wechselweise identifiziere ich mich mit ihnen, im Wissen, dass das andere auch da ist und mir nützt und hilft. So ist das innere Kind der Teil in mir, der mich glücklich macht – der innere Kritiker hingegen schützt mich und hilft mir, mich der Welt anzupassen. Aber das sind zwei völlig unterschiedliche Seinsweisen. Wenn man sie gleichzeitig in sich präsent hat, kann man nicht kreativ sein. Dann schreibt man einen Satz, macht einen Strich oder hat den Ansatz einer tollen Idee, und schon sagt der innere Kritiker: *Nein, das ist nicht gut genug!* Und dann hört der Strom auf, dann beginnt der Frondienst. Dann ackert man und plagt sich, längst macht es keinen Spaß mehr.

Die Lösung ist einfach, und wir werden uns im Folgenden mit der Technik beschäftigen, wie wir diese Positionen trennen – und ganz bewusst schizophren werden. Übrigens feit uns das vor der Gefahr, wirklich verrückt zu werden. Wenn wir bewusst verrückt werden, besteht keine Gefahr, dass wir an Verrücktheit erkranken. Das geschieht hingegen, wenn wir Anteile in uns leugnen. Wenn wir uns vormachen, wir seien nur ein Teil, zum Beispiel wir seien immer positiv, immer friedlich. Dann werden die verdrängten und geleugneten Impulse in uns gefährlich und beginnen uns aus dem Dunkel heraus zu beherrschen. Also, was ich Ihnen hier vorschlage, macht Sie nicht nur kreativ, sondern fördert auch Ihre Gesundheit. Es lädt Sie ein, bewusst unheil zu werden, Heilung gar nicht mehr zu wollen oder anzustreben – sie geschieht dann übrigens von selbst.

Ich habe mich jetzt ein bisschen von der Kunstlehrerin entfernt, will Ihnen aber noch erzählen, was ich heute mit der mürrischen Frau mache. Der Junge da, dieser Teil, der auch heute noch in mir ist und den ich fühle, wenn ich mich an diese Situation erinnere, den lasse ich da nicht hängen. Ich stelle mir vor, wie ich, 43 Jahre alt, in diesen Klassenraum platze. Die Alte pöbelt natürlich los, die ahnt schon, was ihr blüht. Sie wird sang- und klanglos rausgeschmissen, die Tür abgeschlossen. Draußen poltert sie noch gegen das Fenster, aber ich ziehe den Vorhang zu. Nun kümmere ich mich um den Jungen, mein kleineres Selbst, dort im Klassenzimmer. Hey, zeig mal, was du da gemacht hast. Aha, oho! Sag mal, wie ging es dir, als du das gemalt hast? – Moment, finden Sie, das ist zu brutal, was ich mit der Kunstlehrerin gemacht habe? Ich hab noch eine bessere Idee. Ich komme mit einem älteren Herrn in den Klassenraum, er ist ziemlich klein, wirkt aber riesengroß, und wenn einem seine Augen ansehen, denkt man, man sieht in Tigeraugen. Man erstarrt, so hypnotisch ist sein Blick. Und der Kunstlehrerin, der fällt die Kinnlade runter. *So, so,* sagt Picasso, denn um niemand anderen handelt es sich, *Sie lassen also meine Bilder kopieren? Ich will mal sehen, was dabei herauskommt.* Während die Kunstlehrerin sich in Gebetsstellung zu Picassos Füßen windet, schaut er sich mein Bild an. Ein Lächeln umspielt seine Lippen, seine großen Augen ruhen mit liebevollem Blick auf meinem kleineren Selbst. *Was hast du dabei gefühlt, als du es gemalt hast?* fragt Picasso. Der Junge strahlt wieder: *Hm, ich hab Ihr Bild gesehen, und dann hab ich plötzlich den Krieg in mir gefühlt. Diese Figuren, die hier in meinem Bauch kämpfen, ich konnte sie plötzlich ansehen und hinspüren, und irgendwie habe ich sie da geliebt, und plötzlich konnte ich alles lieben, was in mir passiert. Und dann, ich weiß nicht mehr, meine Hände haben einfach gemalt. Es war, als ob ich gar nicht mehr da bin, etwas Größeres hat einfach übernommen …*

Picasso läuft eine Träne aus dem Auge. Er umarmt mein kleineres Selbst, klopft ihm auf die Schulter. *Ich glaube, ich verstehe,* sagt er, *erzähl mir von diesem Krieg da in dir drinnen, was geht da vor sich …*

Zu dick aufgetragen? Vielleicht. Ich bin so, ich bin eine dramatische Persönlichkeit, und mir macht es Spaß, in die Vollen zu gehen. Ich finde es schön, so mit mir umzugehen. Ich habe das Gefühl, etwas kommt in Ordnung und ich finde mehr Frieden in mir.

Nie wieder verzeihen

Nun könnte man einwenden: *Seht aber, was er mit der Kunstlehrerin gemacht hat! Das ist doch nicht liebevoll, wie er sie behandelt! Man muss doch auch vergeben und verzeihen können.*

Meine Antwort ist: Nein, das muss man nicht.

Aber diese Kunstlehrerin, welche Not sie wohl gelitten hat? Vielleicht hat sie selbst einmal hohe künstlerische Ideale verfolgt, ist daran gescheitert und schließlich Lehrerin geworden. Einen Mann hat sie auch nicht, die Klasse ist groß und dann ist da der Lehrplan, vielleicht hat sie Angst, das alles nicht mehr zu schaffen …

Ich lasse mich davon nicht irritieren. Ich schaue nur zu meinem kleineren Selbst, erinnere mich, wie sie mich immer wieder Meike statt Mike genannt hat und der Klasse minutenlang Raum gab, sich totzulachen. Daran halte ich mich. Das ist mein Drama – dieser Junge in mir, der Angst hatte, dass sie ihn aufrief, und der den Schmerz ertragen musste, immer wieder der Lächerlichkeit preisgegeben zu werden.

Ich muss mich nicht mit ihr aussöhnen, ich weiß ja, wer ich bin. Sie hat ihr Schicksal, ich habe meines – und ich bleibe bei meinem. Meines ist mir wichtiger. Wenn ich sie heute wiedertreffen würde, täte ich das geschützt. Ich würde ihr als Erwachsener gegenübertreten, der im Kontakt mit dem Jungen bleibt, dem sie Schmerz zugefügt hat.

Vielleicht würde ich sie ignorieren. Und wenn sie mich ansprechen und fragen würde, wie ich damals ihren Unterricht erlebt habe, dann würde ich sagen: *Sie haben mir großen Schmerz zugefügt. Das und jenes haben sie getan, und ich habe mich dabei verletzt und hilflos gefühlt.* Wenn Sie mir mit Erklärungen und Entschuldigungen käme, würde ich gehen, ich würde nicht mit ihr darüber diskutieren. Wenn sie sich betroffen zeigen würde, wenn sie sagen würde: *Ich habe das nicht geahnt, aber wenn ich dich jetzt höre, wird mir klar, wie schlimm es für dich in meinem Unterricht gewesen sein muss, es tut mir leid, es tut mir sehr, sehr leid* – dann würde ich antworten: *Ich fühle, dass es mir gut tut, was sie sagen. Etwas kommt dadurch für mich in Ordnung.* Und vielleicht reden wir dann über Kunst, vielleicht interessiert es mich dann, was bei ihr passiert ist. Das kann aber nur geschehen, *wenn mein Schmerz zuvor anerkannt und ihre Schuld ans Licht gebracht worden ist.*

Also, ich halte nichts vom Verzeihen und Vergeben. Ich halte hingegen viel davon, wenn Täter den Schaden und das Leid, das sie anderen zufügen, anerkennen und sich davon treffen lassen. Nicht die Worte zählen dabei. Es ist eher ein Gefühl, das jemand überträgt, der sein Herz öffnet. Und dann kommt etwas zur Ruhe, und das können wir in unserem Körper spüren. So ein Gefühl, tief im Innern, im Bauch vielleicht, wo mir merken: *Ah, da ist jetzt so eine Wärme, so eine Erleichterung, ja, jetzt ist es gut.*

Das aber ist etwas ganz anderes als etwas Gewolltes oder Aufgesetztes. Aussöhnung, so glaube ich, ist etwas, das mit uns geschieht. Wir können sie nicht erzwingen oder sie uns auferlegen.

Was würde dagegen passieren, wenn ich mir sage, ich verzeihe meiner Kunstlehrerin, sie hat es selbst schwer gehabt? Ich würde mich von dem Teil abspalten, der so gelitten hat. Ich würde mich über mein Innenleben hinwegsetzen und diesen Teil verleugnen. Es wäre eine Lüge, es würde mich von der Wahrheit meiner selbst entfernen, es würde mich einer vitalen Kraft berauben. Ich würde den Kontakt zu den Teilen in mir verlieren, die Hass empfinden, die Vergeltung wollen, die Schmerz erleiden. Aber diese Teile gehören zum vitalen Kern meiner Persönlichkeit. In diesen Teilen liegt Kraft, und wenn ich mich zu ihnen bekenne, spüre ich, wer ich selbst bin und welche Kraft mir daraus erwächst, meine Grenzen zu fühlen. Erinnern Sie sich noch an die Behauptung, der Trojanische Krieg finde in uns statt? Stellen Sie sich einmal Menelaos am Beginn des Trojanischen Krieges vor. Paris ist vorbeigekommen und hat ihm gerade die geliebte Helena geraubt. Nun lassen wir Menelaos verzeihen, er ruft aus: *Ja, Paris hat mir meine Frau geraubt, ich verzeihe ihm, sie ist ja auch so schön.* Das wäre keine Geschichte, die uns faszinieren würde. Homer hat etwas ganz anderes geschaffen. Er hat den tiefen menschlichen Leidenschaften Gestalt gegeben und sie in den Krieg ziehen lassen. Sein Werk vermag uns noch nach Tausenden von Jahren zu ergreifen, weil es so echt ist. Weil es den Krieg darstellt, der sich in Wahrheit in uns allen abspielt.

2. Kapitel
Wie der innere Kritiker aussieht

Der innere Kritiker ist jener Teil in uns, der die Gebote und Verbote unserer Eltern repräsentiert. Entstanden ist er in unserer Kindheit, wo wir unser authentisches kindliches Sein an die Außenwelt anpassen mussten. Das kann, wie ich in *Befreie dein inneres Kind* darlege, durch liebevolle Eltern oder durch bedingt liebende Eltern vermittelt werden. Die meisten Menschen haben die letztgenannte Version in ihrer Kindheit erfahren und in sich einen Teil abgespalten, der sich allein gelassen fühlt – das verlassene innere Kind. Ein anderer Teil will die Normen der Eltern erfüllen, um sich ihre Liebe zu sichern – das ist der innere Kritiker.

Jeder hat ihn

Eugen T. Gendlin, der Begründer des Focusing – einer Methode, gezielt in den Körper zu spüren, der ich viel verdanke – hat einmal sinngemäß gesagt: Jeder hat den inneren Kritiker. Jeder von uns hat so eine Stimme in sich, die ihn dauernd fertigmacht. Das Beste sei es, nicht darauf zu hören oder sie mit einer psychotherapeutischen Technik aus dem Körper rauszusetzen.

Vielleicht bringen einige abgeschottete Kulturen, die eine andere Art von Erziehung praktizieren, Menschen hervor, die keinen inneren Kritiker in sich tragen, wir aber haben einen, und ich glaube, in unserer Gesellschaft brauchen wir ihn. Wir brauchen ihn, um uns zu schützen. Und wenn wir uns nicht blind, sondern bewusst mit ihm identifizieren, können wir mit ihm unser inneres Kind schützen. Damit werden wir uns noch befassen, an dieser Stelle möchte ich dazu einladen, den inneren Kritiker nicht als Störenfried oder Feind zu betrachten, sondern als eine kindliche Version von uns selbst, als ein Kind in uns.

Der innere Kritiker als Kind

Wenn wir mit unserem inneren Kritiker identifiziert sind, können wir es daran merken, dass es in uns eng geworden ist. Wir stehen unter Druck, und es geht uns nicht gut.

Wir können uns aus unserer Identifizierung lösen, indem wir den inneren Kritiker als *einen* Aspekt unserer Persönlichkeit betrachten, als einen Teil von uns – neben anderen

Teilen, die unter Umständen das Gegenteil wollen. Statt zu sagen: *Ich muss mich jetzt richtig anstrengen!*, können wir sagen: *Ah, interessant, es gibt gerade so etwas in mir, das setzt mich unter Druck; das will, dass ich mich anstrenge; ich spüre, wie es dort in mir drückt, so als gehe es gerade um Leben oder Tod.*

Für mich ist es erlösend, mit dem inneren Kritiker umzugehen, als sei es eine kleinere Version von mir selbst: *Aha, interessant, da ist ein kleiner Mike in mir, der drückt, der will, dass etwas Bestimmtes unbedingt geschehen soll.*

Wenn wir so mit uns selbst umgehen und die innere kritische Stimme als 1. etwas betrachten, was wir neben anderem auch sind, und 2. als eine kindliche Version unserer selbst, wird es sofort freundlicher in uns – eine Voraussetzung dafür, Ideen zu bekommen, die Spaß machen. Anders gesagt: Dieser dis-identifizierende, erlaubende Umgang mit dem inneren Kritiker ermöglicht es uns, Zugang zur Kraft unseres inneren Kindes zu bekommen. Sobald wir den inneren Kritiker als ein Kind in uns betrachten, wird er interessant, es macht Spaß, sich mit ihm zu beschäftigen, und wir spüren, dass wir freier werden.

Wo der innere Kritiker wohnt

Wenn wir der Stimme des inneren Kritikers nachspüren, hören wir sie aller Wahrscheinlichkeit nach im Kopf. Denken Sie einmal an eine Schwäche von Ihnen oder einen Misserfolg, der Ihnen wehgetan hat, dann hören Sie die Stimme schon bald. Manche hören diese Stimme hinter sich oder neben sich, leise oder laut, bei anderen wechselt sie die Lautstärke. Vielleicht hören Sie einen immer wiederkehrenden Satz, zum Beispiel: *Wie dumm bist du eigentlich?* Oder: *So einen Versager wie dich gibt es nur einmal!*

Ich höre die Stimme gewöhnlich mitten in meinem Kopf, gerne bricht sie explosionsartig hervor und wartet mit einem jahrelang zurückliegendem Ereignis auf, wo ich mich einmal blamiert habe.

Begrüßen Sie ihn

Statt sich schlecht zu fühlen und irgendwie zu flüchten, wenn Sie Ihren inneren Kritiker hören, lade ich Sie hiermit ein, *Hallo* zu dieser Stimme zu sagen. *Hallo, ja, ich höre dich, du bist da!*

Sie begrüßen also Ihren inneren Kritiker. Sie geben ihm die Erlaubnis, da zu sein, Sie bestätigen ihn, Sie erkennen ihn an.

Bei mir erweist sich gewöhnlich die folgende Form als die effektivste:

Ja, aha, da ist ein kleiner Mike in mir, der jetzt explosionsartig hervorbricht und sagt: „Was bist du nur für ein … Versager!“ – Das ist eine gemäßigte Version, ich habe sie zensiert, um Sie nicht zu befremden. Mein innerer Kritiker neigt nicht nur zu vernichtenden Urteilen, er bedient sich auch gerne der Fäkalsprache. Das muss bei Ihnen nicht so sein, wenn es jedoch so ist, dann ist es hilfreich, das anzuerkennen und zu bestätigen.

Den inneren Kritiker spüren

Wie auch immer der innere Kritiker also zu mir spricht, ich begrüße ihn als einen kleinen Mike in mir: *Hallo, du bist da!* Und ich sehe jetzt, wo ich ihn als kleinen Mike anspreche, ein Gesicht: Eben ist es noch wutverzerrt und hart, jetzt überrascht. Ja, es überrascht diesen kleinen Mike in mir, so angesprochen zu werden. Ich schicke gleich hinterher: *Hallo, ich sehe, wie überrascht du bist!*

Es ist inzwischen ein junges Gesicht geworden, ich sehe es ganz vage und bemerke dabei, dass es seinen Schrecken verloren hat. Ich habe Mitleid, besser Mitgefühl mit diesen kleinen Jungen in mir. Mir scheint, er ist in Not, vielleicht sogar in Panik.

Ich spreche jetzt zu ihm nach innen:

„Ich möchte dich einladen, mich dich spüren zu lassen. "

Nun schließe ich meine Augen und spüre in meinen Bauch, bleibe in Kontakt zu diesem Gesicht und lenke meine Aufmerksamkeit in meinen Bauch. Langsam entsteht dort etwas, ein vages, ganz unklares Gefühl, aber es ist etwas zu spüren, eine Art Präsenz um den Bauchnabel herum, ich bleibe mit meiner Aufmerksamkeit dabei. Mit diesem Gefühl, das ich dort wahrnehme, spreche ich nun wie mit einem Gegenüber, als sei es ein kleines Kind, dem ich begegne und das ich durch sein Erleben begleite – als sei es ein kleines

Kind, das ich auf einer Wiese treffe. Ich sage Hallo zu diesem Gefühl in meinem Bauch und lade es ein, mich spüren zu lassen, wie es ihm, diesem kleinen inneren Kind, geht – ich frage also dieses Gefühl, was es fühlt.

Seine Gefühle begleiten

Auf meine Einladung hin entsteht in meinem Unterbauch ein Angstgefühl, das ich als Antwort annehme und bestätige. Es lässt mich wissen, dass es Angst hat. Und ich lasse dieses innere Kind wissen, dass ich spüre, wie groß seine Angst ist. Ich sehe eine Szene aus meiner Kindheit, bei der sich das Angstgefühl steigert. Es ist schlimm. Ich lasse diesen kleinen Jungen, der das durchmachen musste, jetzt wissen, dass es schlimm ist, was dort passiert ist, und dass es kein Wunder ist, dass er so große Angst hat. Da beruhigt er sich. Das Gefühl in meinem Bauch wird angenehmer, es breitet sich eine Wärme aus.

Der innere Kritiker hat Angst

Nach meiner Erfahrung steckt hinter dem inneren Kritiker und seiner vernichtenden Art immer ein kleines Kind, das Angst hat. Wenn wir das erfahren und fühlen, verliert der innere Kritiker seinen Schrecken. Er ist nach einer solchen Arbeit nicht verschwunden, aber wir verstehen diese innere Stimme in uns auf eine andere Weise, wir wissen, dass es einen guten Grund für die vernichtende Fassade des inneren

Kritikers gibt: Er will das, wovor er Angst hat, mit aller Macht verhindern. So wird es für uns leichter, diese Stimme als einen Teil von uns wahrzunehmen, anstatt uns zu identifizieren und zu leiden.

Der Bauch – ein Raum der Erlaubnis

Im Bauch können wir unsere Gefühle spüren. Wir kommen in Kontakt mit unserem inneren Kind oder besser, unseren inneren Kindern, indem wir uns in unseren Bauch einspüren. So kann man sagen, der innere Kritiker – hinter dem ein inneres Kind steht – wohnt im Bauch. Auch wenn wir mit anderen Aspekten von uns umgehen und die dahinterstehenden Gefühle spüren wollen – das, worum es eigentlich geht – müssen wir mit unserer Aufmerksamkeit in den Bauch gehen und uns dort einspüren.

Erlaubnis bringt die Kraft

Wenn wir das nicht tun, bleiben wir in unseren Konzepten stecken und merken, dass sich nichts verändert. Wenn wir im Bauch mit einem Gefühl in Kontakt gehen, es fühlen und aktiv erlauben, dass es in unserem Körper da sein darf, hört der Gedankenkrieg auf und es kehrt Ruhe ein. Es waltet Erlaubnis in uns, wir können daher den Bauch als einen *Raum der Erlaubnis* betrachten, den wir betreten. In diesem Raum, das werden wir sehen, kommen wir in Kontakt mit einer schöpferischen Energie, die durch uns kommt. Wenn wir diesen Raum der Erlaubnis öffnen, kommen wir mit etwas in Kontakt, das größer ist als wir selbst. Diese Kraft kann uns durchfluten wie ein reißender Strom ein ausgetrocknetes Flussbett: Eben noch herrschte karge Dürre, jetzt sprießen die Pflanzen, überall beginnt es zu blühen und zu gedeihen. Das ist eine wundervolle Erfahrung, und ich möchte Sie im Folgenden dazu einladen, die Bedingungen für eine solche Erfahrung vorzubereiten.

Den inneren Kritiker rufen

Wenn wir unter Druck stehen, können wir nicht kreativ sein. Es ist egal, um was genau es sich dabei handelt: Ob wir als Künstler ein Bild malen oder eine Geschichte hervorbringen wollen, ob wir an einem Projekt arbeiten, ob wir ein bestimmtes Problem mit anderen Menschen lösen wollen, oder ob wir, wie ich gerade, an einem Buch schreiben.

Leicht hole ich den inneren Kritiker in mir hoch, wenn ich mir ausmale, wie ich den Abgabetermin für mein Manuskript nicht einhalten kann und panisch in Bergen von Zetteln wühle. Solche Bilder in mir zu bewegen, zeigt schnell Wirkung, schon empfinde ich Druck. Ein Teil in mir macht mir gerade klar, wie sehr ich mich anstrengen muss, um es doch noch zu schaffen. Eben war noch alles gut, jetzt scheint es mit einem Mal um Leben oder Tod zu gehen. Zum Glück spiele ich damit, sodass auch andere Teile meiner Persönlichkeit präsent sind, vor allem aber bleibe ich *präsent*: Ich bin weder mit meinem inneren Kritiker identifiziert, der Druck ausübt, noch mit meinem inneren Kind, das ängstlich reagiert.

Blockaden

Letzteres passiert, wenn wir uns als blockiert erfahren: Wir sind *in* dem Konflikt zwischen inneren Kritiker und innerem Kind gefangen. Der innere Kritiker sagt: *Wenn du das jetzt nicht tust, ist alles zu spät!* – und das innere Kind rebelliert gegen den Druck. Das ist ein Patt, eine Sackgasse, eben eine Blockade. Es ist dieses *Du musst!* – und schon geht nichts mehr, weil das innere Kind in uns kündigt.

Die meisten Menschen haben kein Bewusstsein über die Natur dieser Blockade und betrachten die Kreativität als etwas, was sozusagen ein eigenes Wesen ist: Mal kommt sie, dann wieder nicht. Mal küsst uns die Muse, dann lässt sie uns links liegen. Gerne spricht man dann von Phasen: *Ich habe gerade eine kreative Phase*, und dann wieder, *Mist, momentan kann ich nicht schreiben, ich habe eine Schreibblockade!* – Die schöpferische Kraft kommt und geht wie eine griechische Göttin, deren Launen wir ausgeliefert sind.

Erlauben Sie den Konflikt

Wozu ich Sie jetzt einladen möchte, ist diese Blockade bewusst aufzubauen und sich nicht mit den in Konflikt befindlichen Anteilen von Ihnen zu identifizieren. Erlauben Sie den Konflikt in sich, erlauben Sie die Anteile von Ihnen,

die auftauchen und einander möglicherweise bekämpfen.
Lernen Sie im Folgenden Ihren inneren Kritiker kennen:
Laden Sie ihn ein, sich zu zeigen.

3. Kapitel
Malen Sie Ihren inneren Kritiker

Vorbereitungen

Egal ob Sie glauben, dass Sie malen können oder nicht, ich möchte Sie einladen, es zu tun. Malen bringt Spaß, hier wird es Sie in einer Weise mit sich selbst in Kontakt bringen, die sehr förderlich sein wird, Ihre schöpferische Kraft zu entfalten. Also lassen Sie sich bitte darauf ein, Sie brauchen die entstehenden Bilder niemandem zu zeigen.

Das Material

Sie benötigen Papier, auf dem Sie hemmungslos malen können, daher ist es günstig, ein großes Malpapier zu wählen. Ich empfehle ein Mal- oder Skizzenblock im Format Din A3. Zum Malen empfehle ich Wachsmalfarben, zum Beispiel Pastell-Ölkreiden von Jaxon oder Faber-Castell. Die dicken Stifte, die man in der ganzen Hand hält, laden zu einem sinnlichen und ungehemmten Malen ein. Nicht so geeignet sind Buntstifte oder Filzstifte. Wir wollen bei diesen Bildern nicht kleckern, sondern klotzen und in die Vollen gehen. Außerdem leuchten die Wachsmalfarben intensiv und sprechen unser inneres Kind an (Sie können

auf meiner Website www.mike-hellwig.de unter „Painting"
solche Beispiele sehen). Wachsmalfarben und Skizzenblöcke
erhalten Sie in den meisten Schreibwarenläden oder Läden
für Künstlerbedarf. Aber wenn Sie diese Dinge gerade nicht
da haben oder besorgen wollen, sondern gleich mit dieser
Übung anfangen möchten, dann improvisieren Sie mit dem,
was Sie zur Hand haben.

Geschützter Raum

Sorgen Sie zunächst bitte für einen geschützten Raum,
in dem Sie diesen Prozess ungestört durchlaufen können. Sie
sollten dafür sorgen, jede Störungsquelle auszuschalten. Wenn
Sie diese Erfahrung jetzt machen wollen, so treffen Sie die
Vorbereitungen und legen dieses Buch neben das Blatt Papier.
So können Sie die einzelnen Schritte, die ich beschreibe,
gleich umsetzen.

Der erste Schritt:

In den Körper spüren

Wenn alles griffbereit ist, möchte ich Sie einladen, sich
jetzt entspannt hinzusetzen. Unser Körper ist viel klüger, viel
kreativer als wir selbst. Lassen Sie Ihren Körper machen, und
Sie erfahren in sich eine Frische, Belebung und Intelligenz,
die Sie bereichern werden. Die Kraft Ihres inneren Kindes
befreien Sie durch Ihren Körper – indem Sie sich in Ihren

Körper einspüren und aus ihm heraus malen. Deshalb ist es der erste Schritt, sich in einer erlaubenden Weise in den Körper einzuspüren. Die Leser von *Befreie dein inneres Kind* kennen diesen ersten Schritt schon, den Körper-Kontakt.

Körper – Kontakt

Der äußere Bereich des Körpers

Füße

Vielleicht mögen Sie Ihre Augen schließen, und fangen mit den Füßen an. Und beginnen zu spüren, wie sich ihre Füße gerade anfühlen. Spüren Sie einmal, womit Ihre Füße in Kontakt sind und wie sich dieser Kontakt anfühlt ...

Beine

Spüren Sie von Ihren Füßen aufwärts in die Unterschenkel ..., wie es sich eigentlich dort gerade anfühlt ..., aufwärts, die Knie hindurch in die Oberschenkel ..., und mit Ihrer Aufmerksamkeit dort etwas verweilen ...

Becken

Spüren Sie in Ihr Becken hinein, spüren Sie einmal den Kontakt mit dem, worauf Sie gerade sitzen und wie sich das anfühlt. Vielleicht mögen Sie spüren, wie diese Unterlage Sie trägt ..., und wie angenehm und unterstützend es sein kann, diesen Kontakt intensiv zu spüren.

Rücken und Schultern

Spüren Sie Ihren Rücken hinauf, vielleicht den Kontakt zu einer Lehne. Nehmen Sie einmal wahr, wie sich Ihr Rücken gerade anfühlt, ganz erlaubend, ganz annehmend. Vielleicht: Ah, hier oben spüre ich Spannung, dort unten fühlt es sich locker an …

Spüren Sie auch Ihre Schultern …, und wie die beiden Schultern sich gerade anfühlen …

Arme und Hände

Nun können Sie einmal in Ihre Arme hineinspüren, die Oberarme …, die Ellenbogen hindurch in die Unterarme …, und wie es sich dort gerade anfühlt …

Spüren Sie in die Hände hinein, bis in die Fingerspitzen. Spüren Sie, wie Ihre Hände etwas berühren …, und wie sich dieser Kontakt exakt anfühlt …

Nacken und Kopf

Spüren Sie Ihren Nacken, und verweilen Sie hier für einen Moment mit Ihrer Aufmerksamkeit. Spüren Sie weiter hinauf, in Ihre Kopfhaut …, und dann vorne in Ihr Gesicht, Ihre Augen, Ihre Nase. Fühlen Sie Ihre Nasenspitze …, spüren Sie weiter in Ihren Mund und in Ihr Kinn hinein …

Der innere Bereich des Körpers

Hals

Spüren Sie in Ihren Hals hinein, in ihre Kehle, und wie es sich dort anfühlt. Vielleicht ist eine Enge wahrnehmbar, vielleicht eine Weite, vielleicht Trockenheit oder vielleicht auch nichts. Was immer Sie wahrnehmen, begrüßen Sie es, indem Sie es innerlich ansprechen: Hallo, ja, du bist da und du darfst da sein. Auch wenn Sie dort *irgendwie nichts* empfinden, so können Sie dieses *"Nichts"* einfach begrüßen.

Brustraum

Wenn Sie nun mit Ihrer Aufmerksamkeit hinab in Ihren Brustraum gehen, können Sie spüren, wie es sich dort von innen her anfühlt. Auch hier, begrüßen Sie das, was Sie dort empfinden, in einer erlaubenden, anerkennenden Weise.

Bauchraum

Nun können Sie in Ihren Oberbauch und tiefer in den Bauch spüren, und wie es sich dort gerade anfühlt ... Lassen Sie Ihre Aufmerksamkeit, Ihr Spüren für eine Weile im Bauch sein. Vielleicht mögen Sie begrüßen, was Sie dort gerade empfinden: Einfach nach innen Hallo sagen und die Empfindung wie ein Gegenüber begrüßen. Sprechen Sie nach innen: *Ja, du bist da! Und du darfst da sein. Du gehörst zu mir.*

Sie haben sich nun in Ihren Körper eingespürt und einen Kontakt mit Ihrem Bauch bzw. dem Gefühl in Ihrem Bauch hergestellt. Vielleicht mögen Sie einen Stift in die Hand nehmen und etwas malen. Probieren Sie einfach einmal aus, irgendetwas auf das Bild zu malen – was es ist und mit welcher Farbe ist egal. Vielleicht malen Sie sogar mitten ins leere Blatt hinein. Wenn Sie einen Widerstand in sich bemerken (*ich zerstöre ja das Bild, das ich noch malen will*), so nehmen Sie diesen Impuls in sich wahr und begrüßen ihn mit einem Hallo. Dann haben Sie bereits einen Kontakt zu Ihrem inneren Kritiker hergestellt.

Der zweite Schritt:

Den inneren Kritiker einladen und malen

Denken Sie an Ihren inneren Kritiker. Denken Sie an eine Situation, wo Sie einmal verletzt worden sind oder schmerzlich an etwas gescheitert sind. Oder wo Sie unter Druck standen. Stehen Sie jetzt unter Druck, zum Beispiel, die Übung richtig machen zu müssen? Auch hier drückt Ihr innerer Kritiker. Erkennen Sie ihn an, erlauben Sie ihn, hören Sie seine Stimme. Sagen Sie: *Hallo, ja, du bist da. Ich spüre dich und ich höre dich.*

Sprechen Sie jetzt nach innen, zu Ihrem Bauch, in Ihren Bauch hinein, Sie können es laut oder leise tun: *Ich möchte dich einladen, mich dich spüren zu lassen.*

Nun bleiben Sie mit Ihrer Aufmerksamkeit in Ihrem Bauch, Sie fühlen einfach nur hin, Sie brauchen nichts weiter zu tun. Lassen Sie *es* antworten. Seien Sie einfach neugierig, etwa: *Oh, interessant, was passiert da gerade in mir?*

Geben Sie Ihrem Körper Zeit, ein *unklares* Gefühl entstehen zu lassen – das kann eine oder mehrere Minuten dauern. Unklar ist dieses Gefühl, weil Sie nicht wissen, was es ist. Sie spüren zum Beispiel: *Ja, da ist irgendetwas, so ein Druck oder so ein Ziehen, sonst nichts.* Oder Sie spüren nur eine leichte Präsenz: *Irgendetwas ist da, aber keine Ahnung, was es ist, ich weiß nicht mal genau, wie es sich anfühlt ...* Genau darum geht es, dieses Etwas zu spüren, das am äußeren Rand Ihrer Wahrnehmung auftaucht. Etwas Zartes, ein Etwas, das leicht zu übergehen wäre.

Wenn Sie so ein Etwas jetzt spüren, bleiben Sie dabei und greifen Sie zu einem der Stifte. Sie können bei dem Gefühl bleiben, die Augen schließen, und ihre Hand – während Sie bei dem Gefühl bleiben – malen lassen. Sie werden merken, wie Sie sich dem Gefühl annähern, Sie begleiten es, und vielleicht merken Sie, dass dieses Gefühl dort im Bauch lebt und sich bewegt; folgen Sie seinen Bewegungen mit ihrer Hand, indem Sie sie malen. Vielleicht hilft es, die Augen zu öffnen und dabei im Gefühl zu bleiben, oder Sie finden es besser, mit geschlossenen Augen dabei zu bleiben, während ihre Hand einfach weiter malt, Pausen macht, und wieder malt. Es ist alles erlaubt. Alles ist okay.

Auf der Spur der Empfindung

Sagen Sie einmal nach innen: *Ja, du bist da, ich spüre dich.* Sie können das immer wieder sagen und damit die Verbindung intensivieren. Wenn Sie etwas sehen, ein Bild, oder wie ich häufig, ein Gesicht, dann können Sie dieses Gesicht malen, einfach ein paar Striche, wenn Sie möchten, Hauptsache, Sie bleiben in Verbindung mit Ihrem Gefühl. Oder Sie malen es nur teilweise, malen nur Passagen daraus, die ihnen auf irgendeine Weise auffallen, das ist alles völlig egal, Hauptsache, Sie bleiben bei dem Gefühl, alles andere interessiert gar nicht.

Nun können Sie einmal nach innen, zu dem Gefühl sprechen: *Ich möchte dich einladen, mich spüren zu lassen, wie du dich fühlst.*

Sie fragen also das Gefühl, wie es sich fühlt – das mag sich im ersten Moment komisch anhören, aber sprechen Sie einmal mit diesem Gefühl dort im Bauch wie mit einem Gegenüber. Bleiben Sie in dieser freundlichen, interessierten Weise offen und fühlen Sie, was für ein Gefühl als Antwort entsteht. Es ist wiederum egal, ob Sie verstehen, was es ist, es kann ein anderes Gefühl sein, ein Druckgefühl zum Beispiel, aber nehmen Sie es einfach als Antwort und bleiben Sie dabei; gleichzeitig können Sie, während Sie in Verbindung mit diesem Gefühl bleiben, es wieder malen. Vielleicht entstehen Figuren oder vielleicht formt sich eine Szene aus Ihrer Vergangenheit, und dann kann es sein, dass Sie berührt werden, dass Sie sich als Kind sehen und dieses Kind, diese kleinere Version von Ihnen selbst, in der Szene etwas Schwieriges, etwas Schmerzvolles durchmacht.

Begleiten Sie dieses Kind, bestätigen Sie dieses schwierige Gefühl, sagen Sie nach innen: *Ja, ich spüre, wie sich das für dich anfühlt, ich spüre, wie weh dir das tut!* Dabei malen Sie. Es kann sein, dass Sie bereits intensiv malen, weil Sie berührt sind, oder jetzt, wo Sie sich berühren lassen, ihre Hände wie von selbst nach den Stiften greifen und diese Szene malen. Vielleicht merken Sie: *Ja, das ist es, darum geht es!* und fühlen sich dabei bewegt und lebendig. Lassen Sie sich berühren von dem kleinen Kind, und folgen Sie der Berührung. Lassen Sie sich treffen. Lassen Sie sich von der Verletzung und dem Schmerz treffen und drücken Sie es aus, egal wie! Lassen Sie es Ihre Hände tun, während Sie bei dem Kind bleiben und es wissen lassen, dass Sie spüren, was es erlebt, und dass es sein darf, was es erlebt – und dass es jetzt ausgedrückt werden darf.

So ein Prozess kann sehr intensiv werden. Auch wenn Sie das Bild jetzt ansehen und im Spüren bleiben, können diese intensiven Gefühle in Wellen wiederkommen, und Sie können dabei zu den Stiften greifen und weiter malen. Folgen Sie der Emfpindung und erlauben Sie ihr, so intensiv zu werden, wie sie möchte. Wenn Sie etwas malen, das Sie von der Empfindung und Berührung entfernt, lassen Sie es los. Korrigieren Sie nicht, was Sie gemalt haben, lassen Sie es im Bild sein, es gehört dazu.

Schließen Sie dann Ihre Augen, spüren Sie der Empfindung nach und malen Sie einfach mit geschlossen Augen weiter. Uns interessiert nicht das Resultat, nicht das Bild und wie es am Ende aussehen wird, uns interessiert hier nur, mit der Empfindung im Kontakt zu bleiben und aus ihr heraus zu malen. Wir bestätigen die Welt unseres inneren Kindes, indem wir sie ausdrücken.

Der dritte Schritt:

Distanzieren, Defokussieren, das Bild drehen

Die Wellen der Berührung werden nach einer gewissen Zeit wieder abebben, legen Sie dann bitte die Stifte zur Seite und schauen Sie sich das Bild an.

Was bewegt sie, was interessiert Sie? Defokussieren Sie einmal: Gehen Sie ein, zwei Meter von dem Bild weg und stellen Sie Ihre Augen weit, sodass Sie keine Konturen mehr sehen, sondern weiche Übergänge. Vielleicht sehen Sie jetzt etwas in dem Bild, eine Gestalt oder ein Gesicht oder eine Form, etwas, das Sie bewegt, ohne dass Sie wissen, warum. Es ist etwas Fremdes, das Ihre Aufmerksamkeit auf sich zieht, etwas, das vielleicht in den Formen noch verborgen liegt, aber das Sie erahnen. Wenn das so ist, folgen Sie bitte dieser Spur. Setzen Sie sich wieder ans Bild und konturieren Sie aus diesem Erahnen heraus die Gestalt oder das Gesicht, vielleicht mögen Sie dabei Ihre Augen defokussiert, weich gestellt, lassen.

Wenn auf diese Weise keine Gestalt oder kein Gesicht oder eine andere Form in Ihnen anklingt und Ihr Interesse auf sich zieht, so tun Sie doch etwas, was ich häufig tue: Drehen Sie das Bild. Zunächst um 90 Grad, dann gehen Sie wieder ein, zwei Meter weg und schauen defokussiert auf das Bild. In dieser Phase spiele ich meistens alle vier Perspektiven durch, drehe es hochkant, stelle es auf den Kopf, male weiter, drehe es wieder – immer auf der Spur dessen, was mir fremd ist und was meine Aufmerksamkeit zieht. Nach einer Weile reißt sozusagen eine Figur die Macht an sich, sie ist gerade die für mich interessanteste, das kann häufig auch erst zum Schluss geschehen.

Deshalb kann man meine Bilder meist aus mehreren Perspektiven betrachten: Sie können das ausprobieren, indem Sie einmal die Bilder auf meiner Website www.mike-hellwig.de unter *Painting* aufrufen und von mehreren Seiten betrachten. Dann entdecken Sie Figuren, die in der ersten Perspektive verborgen bleiben.

Würdigen Sie Ihre Erfahrung

Wenn Sie Ihr Bild jetzt betrachten, möchte ich Sie einladen, Ihre Erfahrung zu rekapitulieren und wertzuschätzen:

Es begann mit dem inneren Kritiker, jenem Teil von Ihnen, der Druck macht. Anstatt wie üblich, diesen Druck hinzunehmen und sich schlecht zu fühlen, haben Sie sich diesem Teil von Ihnen zugewendet und ihn eingeladen, sich spüren zu lassen. Sie haben sich in Ihren Körper eingespürt und sich für die feineren, vagen Empfindungen in Ihren Bauch sensibilisiert. Diesen Empfindungen haben Sie sich geöffnet, sie bestätigt und anerkannt – das ist ein ausgesprochen liebevolles Umgehen mit sich selbst, mit dem Körper und seiner Sprache der Empfindungen. Sie haben diese Empfindungen jedoch nicht nur erlaubt und liebevoll begleitet, Sie haben sie auch ausgedrückt und sie in die äußere Welt gebracht – dort vor Ihnen liegt das Bild. Sie haben die Welt Ihres inneren Kindes betreten, erlaubt und anerkannt.

Das Echte

Vielleicht haben Sie schon die Kraft Ihres inneren Kindes gespürt und erfahren, wie befreiend es ist, mit dieser Kraft in Kontakt zu kommen. Etwas Fremdes und zugleich Echtes ist durch Sie durchgekommen, etwas, was Sie niemals hätten planen oder konzipieren können. Nicht Sie haben es gemacht, *es* hat es gemacht – eine lebendige, frische Kraft in Ihnen. Vielleicht mögen Sie sich gerade: Sie finden interessant, was sich in Ihnen abspielt, Sie spüren eine Aussöhnung mit sich. Das geschieht, wenn die Kraft Ihres inneren Kindes durch Sie kommt.

Blinde Kuh

Wenn es Ihnen am Anfang Schwierigkeiten bereitet, aus dem Spüren heraus zu malen, oder auch wenn Sie sich unfrei und frustriert bei dieser Übung fühlen sollten, empfehle ich Ihnen, sich ein Tuch um die Augen zu binden. Malen Sie blind. Wenn Sie nicht sehen können, was Sie malen, müssen Sie Ihrem Gefühl trauen und Risiken eingehen. Das kann sehr befreiend sein. Später, wenn Sie diese Spur, aus dem Gefühl heraus zu malen, gelegt haben, können Sie die Augenbinde wieder abnehmen und mit dem Defokussieren und Bilder-Drehen experimentieren. Wann immer Sie *steckenbleiben* und nicht mehr mit dem Fühlen in Kontakt bleiben können, verbinden Sie sich die Augen. Das bringt Sie zurück in den Körper.

4. Kapitel

Das innere Kind und
seine Schöpfungen schützen

Das Bild

Was ist nun mit dem Bild, das entstanden ist? Ist es gut, ist es schön, ist es Kunst? Was bedeutet es, wie lässt es sich interpretieren?

Hängen Sie diesen Betrachtungen ruhig nach, ich tue es auch. Gerne ergötze ich mich nach so einem Malprozess an dem Gedanken, dass es das größte Kunstwerk aller Zeiten sei. Ich sehe große Ausstellungen mit meinen Bildern, das macht mir für eine Weile Spaß. Und wie tiefsinnig das Bild zu interpretieren ist! Aber ich spiele damit nur als Möglichkeiten. Häufig habe ich auch erlebt, dass ich nach dem Malen Abstand von dem Bild brauche, räumlich und zeitlich. Ich habe einfach keine Lust mehr, mich mit dem Bild zu beschäftigen. Am nächsten Tag gehe ich in die Küche, wo ich es mit Magneten am Kühlschrank befestigt habe, und dann kann es sein, das es mich voll trifft. Es berührt mich, und ich komme in Kontakt mit etwas Fremden, Unergründlichem. Ich empfinde das als schön – ohne dass ich genau beschreiben könnte, was das für ein Gefühl ist. Irgendetwas kommt in Ordnung, irgendetwas bewegt dieses Bild in mir, irgendetwas heilt. Ich kann das nur vage beschreiben.

Die Bilder jemandem zeigen

Das Bild, das Sie gerade gemalt haben (und alle Bilder, die Sie vielleicht noch malen werden), möchten Sie in Ihrer Begeisterung vielleicht jemandem zeigen. Tun Sie es besser nicht, wenn der Prozess der Bildentstehung noch frisch ist. Es könnte Ihnen den Spaß rauben, den es macht, gerade etwas erschaffen zu haben. Ein falsches Wort, eine hochgezogene Augenbraue zum falschen Zeitpunkt kann einem die ganze Suppe versalzen. Am nächsten Tag oder noch später sind wir besser gewappnet, wenngleich Kritik im ersten Moment immer unerfreulich ist und weh tut.

Ein Teil von uns, ein kleines Kind, kann sich so begeistern an dem, was es erschaffen hat – aber genauso gekränkt kann es sein, wenn diese Begeisterung nicht geteilt wird. Vor destruktiver Kritik muss unser inneres Kind unbedingt geschützt werden. Deshalb ist es günstig, einen Puffer zwischen den Reaktionen der äußeren Welt und unserem schöpferischen inneren Kind zu setzen.

Walt Disney

Walt Disney soll ein bestimmtes Verfahren praktiziert haben, um die Kreativität seiner Mitarbeiter zu fördern. Wenn ich diese Technik nun schildere, erzähle ich sie so, dass sie Spaß macht und erlaube mir dabei einige historische Unkorrektheiten.

Also:

Walt will einen neuen Zeichentrickfilm drehen, und zwar einen sensationellen! In seinem neuen Firmenkomplex hat er dafür drei riesige Räume vorgesehen, an der Tür des ersten Raumes befestigt er ein SCHILD, darauf schreibt er: ▶

Dann ruft er alle seine Leute zusammen, und die müssen, wenn sie mitmachen und in dem Raum wollen, allesamt zu Kindern werden. Jetzt geht es los, Walt will nur Ideen hören, die abgefahrensten Einfälle. Jungs, Mädels, ruft er, *steigert euch in einen Rausch der Ideen, lasst es kommen!*

Und es kommt:

„Eine Raupe, äh, in einem Kokon, fällt von einem Blatt und kurz bevor sie auf den Boden aufkommt, verwandelt sie sich in einen Schmetterling …“

Super! Klasse! Mehr davon!

„Äh, ein Hubschrauber …“

„Ein Regentropfen setzt sich auf den Kopf des Schmetterlings, das sieht aus wie ein Heiligenschein!“

Klasse! Was ist mit dem Hubschrauber, wie können wir den einbauen?

„Ich hab's! In dem Hubschrauber sind böse Holzfäller und Brandroder, die wollen den ganzen Urwald kaputtmachen!“

„Genau, und jetzt können die nicht landen …“

„Ja, weil die Sonnenstrahlen von dem Wassertropfen auf dem Kopf des Schmetterlings reflektiert werd …“

„… und dann den Pilot so blenden, dass der nicht landen kann!“

„Und alle Tiere des Waldes jubeln dem Schmetterling zu …“

Und so weiter. Nur Ideen sind erlaubt, je hemmungsloser,

Keine Erwachsenen

Keine Kritiker

desto besser. Nichts ist schlecht, alles ist Material. In diesem Raum interessiert nicht, ob etwas gut oder schlecht ist, ob es machbar ist oder nicht. Es ist ein Raum hemmungsloser Kreativität.

Am Nachmittag legt sich der Sturm, Walt gibt seinen Mitarbeitern frei, die sollen feiern gehen. Er selbst packt die Zettel mit den Ideen zusammen und verlässt den Raum.

Am nächsten Tag macht er einen anderen Raum auf. Draußen hängt er wieder ein SCHILD auf: ▶

Die Leute kommen wieder, heute herrscht eine andere Stimmung, freundlich, aber gemäßigt.

Liebe Mitarbeiter, sagt Walt, hier sind lauter tolle Ideen – er lässt die kopierten Zettel verteilen – lasst uns sehen, was wir damit anfangen können. Und so gehen sie Idee für Idee durch, schauen, was sich in eine Handlung einbauen ließe, wie es technisch umzusetzen wäre. Manche Ideen können nicht verwendet werden (der Kokon der Raupe ist ein Raumschiff und statt eines Schmetterlings kommen Außerirdische vom Planeten Mars heraus, die ziemlich böse sind und die Menschheit vernichten wollen, aber keine Schlagermusik ertragen können, das ist ihre einzige Schwäche), aber der schlaue Walt sammelt diese Ideen und tut sie in einen Schrein. Wer weiß, sagt er sich, vielleicht brauche ich die noch mal. Unterdessen gehen die Leute nach Hause, heute ist ein normaler Tag, gefeiert wird nicht.

STOPP!

Nur für realistische Erwachsene!

Keine Kinder

Keine Kritiker

Am nächsten Tag macht Walt den dritten Raum auf. Draußen hängt er wieder ein SCHILD auf: ▶

Die Stimmung in dem Raum ist ernst und unangenehm. Keiner lacht, keiner sagt etwas, bis Walt sich vorne hinstellt. *„Ich will jetzt hören, warum der Film katastrophal scheitern wird!"*

„Weil es sich um Insekten handelt. Hat man nicht schon genug damit zu tun, die Viecher totzukriegen, die will doch keiner auch noch im Kino sehen. Der Film wird uns ruinieren!"

Hm, sagt Walt, ist das alles, was gegen den Film spricht?

„Schön wär's. Paramount bringt einen Zeichentrickfilm genau zwei Monate vor unserem in die Kinos. Der Markt ist völlig abgegrast, wenn unser Film rauskommt."

„Wenn er überhaupt rauskommt! Wir haben zu wenig Zeichner. Und die, die wir haben, sind nicht gut genug."

„Wir hatten unsere gute Phase, ab jetzt kommt nur noch der Abstieg!"

„Genau, ich hab 'n paar richtig gute Leute gesehen, bei so einem kleinen Studio, Pixa … oder so heißen die, die experimentieren da mit irgendwelchen Rechenmaschinen, wartet nur ein paar Jahre, und die machen uns richtig fertig …"

Nach der Session gibt Walt den Leuten einige Tage frei. Sie sollen sich entspannen, wieder auf andere Gedanken kommen, irgendwo wieder Lebensenergie herholen. Begegnungen mit dem Kritiker laugen einen aus, weiß Walt. Da braucht man Erholung, um zu seiner Vision zurückzufinden.

STOPP!

Nur für gnadenlose Kritiker.
Zuwiderhandlungen werden schärfstens bestraft!

Keine Kinder

Keine Erwachsenen

Man findet sich in Raum 2 wieder ein, der Raum für den realistischen Erwachsenen. Die Leute sind zum Glück wieder lockerer drauf, haben Abstand gewonnen.

Walt holt die Zettel mit den Einwänden der Kritiker hervor. Er sagt: *Ich möchte, dass wir jeden einzelnen Einwand unter die Lupe nehmen und sehen, ob da etwas dran ist. Und wenn ja: wie wir das Hindernis aus dem Weg räumen. Los geht's!*

„Insekten haben kein gutes Image, das stimmt. Anderseits gibt es noch keinen vergleichbaren Film, es ist ein Wagnis, aber auch eine Chance!"

„Was, wenn wir die Insekten so zeichnen, dass man vergisst, dass es Insekten sind?"

Gut! Ich will in den nächsten Tagen Entwürfe sehen! Was ist mit Paramount?

„Walt, das stimmt. Paramount wird schneller sein als wir. Entweder wir bringen den Film früher raus oder ein halbes Jahr später."

Wir können den Film nicht mehr aufschieben, wir müssen früher draußen sein als Paramount, geht das?

„Nein, Walt, dann bräuchten wir mehr Zeichner, und zwar gute!"

Wo können wir die herkriegen?

„Moment, dieses Studio da, wie heißt das, Pixa, Pixar? Wie wäre es denn, wenn wir mit denen fusionieren? Oder sie gleich ganz aufkaufen!"

„Das könnte Disney völlig neue Dimensionen eröffnen. Tatsächlich ist Disney auf dem absteigenden Ast. Wenn wir uns jetzt vergrößern, könnten wir Sachen realisieren, an die wir bislang nicht zu denken wagten ..."

Der Puffer: unser Heutiges Ich

In dieser Geschichte können wir sehen, wie der schlaue Walt nicht nur einen zeitlichen Puffer zwischen dem Raum der Kreativität (= das innere Kind) und den Raum der Kritik (= der innere Kritiker) setzt, sondern auch einen räumlichen, denn zwischen beiden Räumen liegt der Raum des realistischen Erwachsenen. Nie geht man aus dem Raum der Kinder direkt in den Raum der Kritiker. Wenn wir das auf uns selbst übertragen, so bedeutet es, niemals die Schöpfungen unseres inneren Kindes direkt unserem inneren Kritiker oder äußeren Kritikern zu präsentieren. Am Besten hört das innere Kind gar nichts von den Einwänden innerer oder äußerer Kritiker. Unser Erwachsener, unser Heutiges Ich, soll das erledigen.

Unser Heutiges Ich nimmt die Schöpfungen unseres inneren Kindes liebevoll entgegen und überprüft unter Einbeziehung der Einwände des inneren Kritikers, was realistisch und machbar ist. Wenn die Schöpfung unseres inneren Kindes verändert werden muss, können wir mit dem Projekt wieder zum inneren Kind gehen und es damit spielen lassen. Dann kehren wir mit den neuen Ideen zurück zum realistischen Heutigen Ich, und so weiter.

Ist das nicht eine wundervolle Strategie?

Wir schützen unseren kreativen Teil, das innere Kind, wir nutzen unseren inneren Kritiker, um Enttäuschungen vorzubeugen und unseren Erfolg zu sichern, und wir verlieren uns in keinem von beiden. Wir integrieren beide Seiten in unser Heutiges Ich. In dieser Weise können wir mit den

Bildern verfahren, die wir malen, mit den Geschichten, die wir schreiben, und überhaupt mit allen Projekten, die wir vorhaben.

Das Bild schützen

Nun geht es mit dem Bild, das vor Ihnen liegt – das den inneren Kritiker abbildet oder was immer im Strom der Kreativität daraus geworden ist – mit aller Wahrscheinlichkeit noch nicht darum, damit in die Öffentlichkeit zu treten. Dennoch, ich beschreibe diese Technik hier so ausführlich, weil ich sicherstellen möchte, dass Sie Ihr inneres Kind schützen.

Je geschützter es ist, je sicherer es sich fühlt, desto freier wird es. Desto leichter wir es Ihnen fallen, in den Rausch der schöpferischen Energie einzusteigen und ihn zu genießen.

Sie schützen also Ihre Kreativität, Ihr inneres Kind, indem Sie zunächst den Schaffensprozess würdigen und ihn feiern. Nach einer Weile können Sie mit den Augen des Erwachsenen Ihr Werk betrachten und genießen, was daran gut oder sogar wundervoll ist. Wenn Sie es Ihren Lebenspartner oder guten Freunden zeigen, werden die in der Regel wohlgesonnen darauf blicken und nur freundliche Dinge sagen. (Deswegen sind Freunde übrigens auch ungeeignet als Kritiker).

Wenn Sie mit den Schöpfungen oder Ideen Ihres inneren Kindes in die Welt gehen, wenn Sie Ihren Job hinschmeißen wollen, um fortan als Künstler zu leben, dann sollten Sie vorher Ihren inneren Kritiker zurate ziehen, um durch seine Einwände zu einer realistischen Einschätzung der Lage zu gelangen.

Später, wenn wir Geschichten aus der Kraft unseres inneren Kindes schreiben, werden wir uns noch mit dem Thema befassen, unsere Werke einer Öffentlichkeit zu präsentieren. An dieser Stelle geht es darum, Zugang zu der schöpferischen Energie unseres inneren Kindes zu bekommen und uns ihr hinzugeben. Das ist das Wichtigste. Wir wollen uns daher im folgenden Kapitel mit einer anderen Instanz in uns beschäftigen: dem verlassenen inneren Kind.

5. Kapitel
Das verlassene kleine Kind in uns

*Die Tiger des Zorns
sind tausend Mal weiser
als die Pferde der Vernunft*

William Blake

Warum, fragen Sie sich vielleicht, *soll ich mich mit den Verlassenheitsgefühlen und Verletzungen meiner Kindheit befassen?*

Um die Zensur, die Sie in sich tragen, aufzuheben und das, was sie *wirklich* fühlen, zu erkennen und auszudrücken, lautet die Antwort.

Wenn Sie Feinde haben – Gefühle, die sie aufgrund verinnerlichter Verbote Ihrer Kindheit nicht fühlen dürfen – dann werden Sie Schwierigkeiten damit haben, die Kraft Ihres inneren Kindes fließen zu lassen. Weil Sie sich schützen.

Vitale Gefühle erlauben

Riskieren Sie stattdessen zu fühlen, was Sie wirklich fühlen. In diesem Buch betreiben wir kein Malen nach Zahlen, wir wollen keine Stillleben hervorbringen und an der Langeweile, die sie erzeugen, verrecken. Unser Ziel ist es stattdessen, die schöpferische Kraft unseres inneren Kindes zu befreien. Dazu

gehört, dass wir unsere vitalen Gefühle erlauben: dass unsere
Wut, unser Schmerz und unsere Angst *sein dürfen.*

Bitte keine schönen Bilder

Unser Ziel ist es nicht, *schöne* Bilder zu malen, damit meine
ich Bilder, die einen kalt lassen und niemanden interessieren.
Meine Bilder – wenn Sie einmal durch die Bilder auf meiner
Website blättern – sind nicht unter dem Vorsatz entstanden,
schöne, harmonische Bilder zu malen, das interessiert mich gar
nicht. Ich will ausdrücken, was in mir ist. Ich will meine Konflikte fühlen und erlauben, ich will mein Bild sehen und sagen:
Ja, das ist es! Das bewegt mich! Ich will echte Bilder malen,
Bilder, die lebendig sind und die, wenn ich sie ansehe, etwas
in mir bewegen. Das ist mein Anspruch: Ich will etwas fühlen,
wenn ich ein Bild sehe, ich will getroffen werden. Und wenn
ich ein Bild male, dann will ich mich befreien – und das tue ich,
indem ich mich zu meiner Verletztheit und meiner Zerrissenheit
bekenne.

Vielleicht mögen Sie meine Bilder nicht, vielleicht
sagen Sie: Nein, die sind nicht gut! Der Mann hat ja keine
Ahnung von Farbenlehre und Komposition oder davon, wie
man einem Bild anständig Tiefe gibt. Mag sein, darum kümmere ich mich nicht, und das Wenige, was mir vom Kunstunterricht in der Schule haften geblieben ist, das vergesse ich
absichtlich. Ich besuche auch keine Malkurse und ich lese
keine Bücher über das Malen. Ich lese Bücher über Picasso,

dann aber nichts über seine Technik, sondern am Besten nur, wie er gelebt hat und insbesondere, welches Chaos er immer wieder erzeugt hat. Irgendwo sagt Picasso über das Malen: *Ich habe vierzig Jahre gebraucht, um wieder wie ein Kind zu malen* – das genügt mir an Information, mehr will ich gar nicht wissen. Mir reichen die Bilder, die ich von ihm mag, die Skulpturen oder Vasen, die gucke ich an und das macht mir Spaß oder berührt mich. Ich bekomme Lust, selber etwas Kreatives, Hemmungsloses zu machen.

Den Spießer hinter sich lassen

Vor kurzem habe ich unter dem Einfluss Picassos meine Küche neu gestrichen. Es ist ein höhlenartiges Aquarium geworden, jetzt schauen mich Fische und Seeungeheuer beim Frühstück an – statt kahlen Flächen mit bieder aufgehängten Bildern. Für mich war das Gestalten meiner Küche eine Befreiung: Erst fing ich brav an und versuchte, die Wand gleichmäßig mit einer Farbe zu bemalen. Es machte keinen Spaß, ich merkte, dass ich die Sache nur hinter mich bringen wollte. *Hör auf mit dem Mist!*, sagte ich mir und zwang mich, absichtlich an diesem Frondienst zu scheitern. Absichtlich über den Stuck richtig schon drüber, das tat im ersten Moment weh, aber dann brachte es Freiheit – und Spaß! Ich war wieder am Leben! Es ging nicht mehr um das Resultat, die fertig gestrichene Küche, die gut aussehen soll, es ging jetzt nur noch um den Spaß am Malen. Wie schwierig ist es, den Spießer in sich zu bemerken und hinter sich zu lassen, aber wie lustvoll, wenn man es tut. Es hätte auch ins Auge gehen können, das wäre es mir wert gewesen, aber die Wände meiner Küche atmen jetzt jenen Geist, der sie gemalt hat, ein lebendiger, freier, kreativer Geist. Keiner meiner Gäste hat sich bislang beschwert, man war angetan und sagte: *Aha, so etwas geht auch!* Vor allem hat es meinem wichtigsten Gast, meinen siebenjährigen Sohn Robin, gefallen.

Malen, weil es gut tut

Summa summarum, was das Malen anbetrifft, bin ich ein Dilettant. Ich bekenne mich vollkommen dazu. Wie kann aber ein solcher Dilettant es wagen, seine Bilder vorzustellen und eine Ode an den freien Ausdruck anzustimmen? Das ist einfach zu beantworten: Beim Malen fühle ich mich frei, und daraus leite ich meine Berechtigung ab. Ich male nur, weil es mir gut tut, mehr verfolge ich damit nicht. Natürlich, wenn ein Galerist käme und sagen würde: Ich will eine Ausstellung mit deinen Bildern machen – dann wäre ich der Letzte, der Nein sagen würde. Mein inneres Kind würde sich über so ein Angebot freuen und das Gefühl haben, etwas in der Welt kommt wieder in Ordnung. Also würde ich sagen: Gut, machen wir! Wenn der Galerist sagen würde: Bevor wir loslegen, müssen Sie noch'n Bisschen über's Malen lernen, dann würde ich aussteigen. Oder ich müsste das aufgeben, was mich beim Malen bewegt: die Freiheit, die Hemmungslosigkeit, das Hineingleiten ins noch Ungewusste.

Wenn Sie sich einmal die Bilder auf meiner Website (www.mike-hellwig.de unter *Painting*) ansehen mögen: Berührt Sie das, was Sie sehen? Können Sie die Bilder nicht einfach abtun? Beunruhigen sie Sie? Gut, das würde mir schon reichen, Hauptsache, sie lassen Sie nicht kalt. Ja, das wäre etwas, was mir weh täte: Wenn Sie sagen, das lässt mich kalt, was du malst.

Ein gewisses Selbstvertrauen, was meine Bilder angeht, habe ich auch deshalb erworben, weil ich sie den härtesten Kritikern vorgesetzt habe – und sie vor ihnen bestanden. Ich meine Kritiker, die nichts beschönigen, sondern einem rücksichtslos die Meinung ins Gesicht sagen: Kinder!

Mein Sohn Robin, mit dem ich häufig male, ist so ein knallharter Kritiker. Entweder das Bild interessiert ihn oder er ignoriert es. Wenn ich ein Bild fertig habe, hänge ich es in der Wohnung auf, und wenn Robin kommt, leiste ich Übermenschliches, nicht darauf zu zeigen und ihn zu fragen, wie er es findet. Wenn es gut läuft, steht er irgendwann vor dem Bild, *hey*, sagt er dann, *das ist ja eine Schlange, die …* – wir erzählen uns dann Geschichten darüber, was das Bild darstellen könnte. Wenn andere Kinder mit dabei sind und es richtig gut läuft, dann streiten sie sich darüber, was auf dem Bild zu sehen ist. Solche Bilder, die bei den Kindern zu ernsthaften Streitereien führen, sind zumeist aus einer Begegnung mit dem kleinen Jungen in mir entstanden – der kleine Junge, der sich einmal sehr verlassen gefühlt hat und der, tief in mir drinnen, immer noch genauso empfindet.

Verlassenheitsgefühle erlauben

Das verlassene kleine Kind in mir anzuerkennen, seine Verlassenheitsgefühle zu erlauben, sie zu fühlen, zu begleiten und auszudrücken, söhnt mich mit mir selbst aus. Es ist eine Begegnung, die die Konflikte meines Lebens relativiert und ihnen die Schärfe nimmt.

Wenn wir diesem kleinen Kind in uns begegnen, merken wir, dass es kein Wunder ist, womit wir zu kämpfen hatten und haben. Es muss so sein, das wird uns deutlich. Unsere heutigen Konflikte machen angesichts des verlassenen Kindes in uns Sinn, sie werden uns verständlich – und vor allem weicht der Druck, dass wir unsere Konflikte lösen und uns verändern müssen. Wir erfahren, dass wir uns nicht anstrengen müssen, um okay zu sein. Wir brauchen, wenn wir uns dem Drama unseres verlassenen inneren Kindes öffnen, keine Gewalt mehr gegen uns auszuüben. Es entsteht eine Weite in uns – und Güte.

Die Begegnungen mit dem verlassenen inneren Kind söhnen uns aus und eröffnen uns den Zugang zu unseren wirklichen Gefühlen. Ich glaube, die Kinder springen auf diese Bilder von mir an, weil sie ihre eigenen, noch nicht bewussten Konflikte ausgedrückt sehen – das ist eine Theorie von mir.

Ich möchte mich noch auf eine andere Weise der Frage annähern, warum es so sinnvoll ist, das verlassene innere Kind in sich zu finden und auszudrücken. Als Sie mit dem inneren

Kritiker gearbeitet haben, war nicht nur dieser in Ihnen am Werke, sondern zugleich auch Ihr verlassenes inneres Kind. Ein Teil drückt – Ihr innerer Kritiker – und ein anderer Teil fühlt sich bedroht und allein gelassen und leidet – Ihr verlassenes inneres Kind. Meist identifizieren wir uns in unseren Konflikten mit dem inneren Kritiker und bekämpfen die Gefühle unseres verlassenen inneren Kindes. Also, wenn Sie an Ihren inneren Kritiker denken, an Situationen, die sie verletzt haben, wo Sie empfindliche Niederlagen hinnehmen mussten, dann können Sie auch jenen Teil in sich spüren, der sich nicht okay fühlt und der sich verändern soll.

Beide Teile von uns, das verlassene innere Kind sowie der innere Kritiker, entstehen in unserer Kindheit: Dort entschließt sich ein Teil so zu werden wie unsere Eltern, der innere Kritiker, und ein anderer, unser verlassenes inneres Kind, bleibt mit unseren authentischen Gefühlen zurück. Dies geschieht, wenn die Eltern, aufgrund Ihrer eigenen Abspaltung vom inneren Kind, unsere Anpassung auf eine bedingt liebevolle Weise erwirken. Sie üben Druck auf uns aus, machen uns – wenn auch in guter Absicht – klar, dass wir nicht okay sind und uns verändern müssen. Die Lösung des Kindes ist daraufhin die Aufspaltung in zwei Anteile: Der eine macht es den Eltern recht und sichert uns ihre Liebe (der innere Kritiker) und der andere (unser inneres Kind) rebelliert oder zieht sich zurück.

Liebevolle Eltern, die Ihr eigenes verlassenes inneres Kind kennen und liebevoll in sich begleiten, können Ihrem Kind eine liebevolle, integrierende Anpassung ermöglichen, indem sie ihrem heranwachsenden Kind helfen, beide Anteile in sich zu erkennen und den Konflikt, den sie austragen, zu erfahren. Ein solches Kind fühlt sich durch seine vitalen Gefühle und Konflikte nicht bedroht, sondern erlebt sie und drückt sie aus.

Die meisten von uns, mich eingeschlossen, sind nicht in dieser idealen Weise aufgewachsen. Wir haben daher das Problem, dass wir unseren Selbstwert immer wieder in Frage stellen, mit unseren Gefühlen kämpfen und Konflikte in der Regel so in uns erfahren, als ob es um Leben oder Tod ginge.

Wenn wir unsere Abspaltung wahrnehmen und anerkennen, dann können wir aus dieser Identifizierung mit nur einem Anteil von uns aussteigen. Wir können allen Teilen von uns die Erlaubnis geben, in uns zu sein, und wir können auch erlauben, dass sie in Konflikt miteinander stehen und sich bekämpfen. Statt den Konflikt in uns lösen zu müssen und identifiziert und verengt zu sein, lösen wir uns von dem Konflikt, indem wir ihn aktiv erlauben. Dann sind wir *mehr* als die Teile, *mehr* als die Konflikte, die wir erfahren – wir erweitern uns, wir wachsen.

Im Folgenden möchte ich Sie dazu einladen, Ihr verlassenes inneres Kind zu erlauben und seine Gefühle auszudrücken.

6. Kapitel
Das verlassene innere Kind malen

Der Prozess ist identisch mit dem Malen des inneren Kritikers, nur laden wir nicht den inneren Kritiker ein, sich spüren zu lassen, sondern das kleine Kind in uns, das einmal verlassen worden ist. Wenn ich Sie im Folgenden durch die einzelnen Schritte führe, wird Ihnen der Ablauf bereits vertraut sein.

Vorbereitungen

Sorgen Sie bitte wieder für einen sicheren Rahmen, indem Sie potenzielle Störungsquellen ausschalten. Legen Sie sich ein Blatt Papier und die Wachsmalkreiden oder Stifte bereit.

Der erste Schritt:

Körper – Kontakt

Spüren Sie sich bitte in Ihrem Körper ein, in der erlaubenden, anerkennenden Weise, die Sie schon kennen. Was Sie in Ihrem Körper wahrnehmen, das darf sein. Begrüßen Sie Ihre Empfindungen.

Beginnen Sie mit Ihren Füßen. Spüren Sie Ihre Füße und womit sie in Kontakt sind. Sie können *Hallo* zu Ihren Füßen sagen.

Spüren Sie Ihre Unterschenkel hinauf, durch die Knie hindurch, und dann in Ihre Oberschenkel. Jetzt können Sie beide Beine spüren, von den Füßen hinauf bis in die Oberschenkel. Führen Sie nun Ihre Aufmerksamkeit weiter hinauf ins Becken. Spüren Sie die Unterlage, auf der Sie sitzen, und wie diese Unterlage sie trägt. Dann gehen Sie bitte mit Ihrer Aufmerksamkeit Ihren Rücken hinauf, alle Empfindungen dürfen sein. Wenn Sie einen Schmerz oder eine Anspannung spüren, sagen Sie innerlich *Hallo* zu ihr, *du bist da, ich spüre dich.* Wenn Sie einen Impuls in sich wahrnehmen, *ich möchte, dass diese Anspannung weg ist*, so begrüßen Sie diesen Impuls, *ah, hallo, da gibt es etwas in mir, das möchte, dass diese Anspannung weg ist, ja, hallo, du bist da, du darfst da sein*, und gehen dann mit Ihrer Aufmerksamkeit in Ihre Schultern, in die Oberarme, durch die Ellenbogen hindurch in die Unterarme, in Ihre Hände, und spüren, womit die gerade in Kontakt sind. Nehmen Sie sich immer die Zeit, die Sie benötigen, und wenn Sie merken, *ja, jetzt bin ich mit meiner Aufmerksamkeit wirklich in diesem Teil meines Körpers*, dann fahren Sie bitte fort.

Nun geht es in den Nacken, die Kopfhaut hinauf, und nach vorne in Ihr Gesicht und in die Gesichtsmuskulatur. Spüren Sie das Gewicht Ihrer Augen in den Augenhöhlen, spüren Sie Ihre Nase bis zur Spitze, spüren Sie Ihre Lippen und die Zunge, und Ihr Kinn.

Nun können Sie ins Körperinnere spüren: Beginnen Sie bitte mit Ihrem Hals und spüren Sie, wie es sich in Ihrem Hals von innen her anfühlt. Begrüßen Sie das, was Sie dort, in Ihrer Kehle, wahrnehmen, egal, ob Sie es unangenehm oder angenehm finden, begrüßen Sie es. Sagen Sie *Hallo, ja, so fühlt es sich an, diese Empfindung darf sein.* Dann gehen Sie bitte mit Ihrer Aufmerksamkeit hinunter in Ihren Brustraum und spüren, wie es sich von innen her anfühlt, und begrüßen auch hier die Empfindung. Nun gehen Sie tiefer und spüren in Ihren Bauch hinein: erst den Oberbauch, dann den ganzen Bauch, auch den Unterbauch, und wie es sich von innen her anfühlt ..., begrüßen Sie, was Sie empfinden.

Sie haben sich nun in Ihren Körper eingespürt und sind im Kontakt mit Ihrem Bauch bzw. dem Gefühl in Ihrem Bauch. Bleiben Sie im Kontakt mit dem Gefühl im Bauch und nehmen Sie nun einen Stift in die Hand, oder wenn Sie möchten, nehmen Sie in jede Hand einen Stift und malen Sie gleich mit beiden Händen. Oder nur mit der linken Hand. Malen Sie etwas, während Sie im Gefühl mit Ihrem Bauch bleiben. Dort, in Ihrem Bauch mit der Aufmerksamkeit zu bleiben – das ist die Hauptsache. Was auf's Bild kommt und wie es aussieht, ist völlig unwichtig. Behalten Sie den Stift in der Hand und legen Sie Ihre Hand locker und entspannt auf das Blatt Papier.

Der zweite Schritt:

Das verlassene innere Kind besuchen, einladen, und malen

Laden Sie nun Ihr verlassenes inneres Kind ein, sich spüren zu lassen. Dazu möchte ich Sie bitten, zunächst eine Gedankenreise durch die Zeit zu machen und Ihr verlassenes

inneres Kind aufzusuchen. Stellen Sie sich bitte vor, wie Sie
– in Ihrem heutigen Alter – durch die Zeit zurückgehen,
gehen Sie durch die Zeit zurück in Ihre Kindheit, in die
Zeit, wo Sie ein Kind waren, ein Kind im Alter von etwa
vier oder fünf Jahren. Ich möchte Sie einladen, sich vorzustellen, Sie würden durch die Straße oder den Ort gehen, wo
Sie damals als Kind gewohnt haben. Sie spüren den Asphalt
oder den Sand unter Ihren Schuhsohlen, bei jedem Schritt.
Sie erkennen die Bäume wieder, die Straßen, Läden oder was
immer Sie in Ihrer Kindheit umgeben hat. Vielleicht riechen
Sie einen bestimmten Geruch oder Sie hören bestimmte
Geräusche. Gehen Sie bitte zu der Haustür, der Haustür von
der Wohnung oder dem Haus, in dem das kleine Kind, das
Sie einmal waren, immer noch zu Hause ist. Wie sieht diese
Haustür aus, gibt es ein Klingelschild? Klingeln oder klopfen
Sie an die Tür, spüren Sie dabei die Berührung Ihrer Hand
und hören Sie das Geräusch. Gleich wird sich die Tür öffnen,
und Sie begegnen Ihrem kleineren Selbst, der kleine Junge
oder das kleine Mädchen, das Sie damals waren. Es wird die
Tür aufgehen, und dann steht es dort, jetzt.

Malen Sie dieses Kind.

Fühlen Sie es, sehen Sie es an, und malen Sie, bleiben Sie
dabei im Kontakt mit dem Gefühl.

Vielleicht tut das weh. Vielleicht tut es sehr weh, dieses
kleine Kind dort zu sehen, das Sie einmal waren – zu fühlen,
wie es diesem Kind geht, und zu wissen, warum es ihm so
geht. Wenn ich das tue, muss ich weinen, so heftig ist der

Schmerz. Es tut mir so leid, dass dieses niedliche Kind so auf-
wachsen muss. Ich möchte Sie einladen, sich von der Begegnung mit Ihrem verlassenen inneren Kind treffen zu lassen.
Schützen Sie sich nicht, stellen Sie sich dem Gefühl, das es in
Ihnen auslöst, erlauben Sie es. Öffnen Sie Ihr Herz für dieses
kleine Kind, Sie öffnen dadurch Ihr Herz für sich selbst.

Und malen Sie, drücken Sie es aus, was Sie empfinden.
Lassen Sie es kommen, und lassen Sie Ihrer malenden Hand
freien Lauf.

Vielleicht durchfluten Sie die Gefühle, vielleicht ist es ein
heftiger Strom, vielleicht geschieht es aber auch auf eine zar-
tere Weise. Spüren Sie bitte in Ihren Bauch hinein und wie
es sich dort anfühlt, wie es sich *genau* anfühlt. Nicht, ob gut
oder schlecht, sondern wie genau gut oder schlecht – was es
genau ist, was Sie in Ihrem Bauch wahrnehmen können. Es
fühlt sich vielleicht an, als würde etwas in Ihnen zusammen-
geschnürt, oder als ziehe sich etwas zusammen, oder es fühlt
sich an, als stecke ein Messer in Ihrem Bauch. Bleiben Sie bei
dem Gefühl, auch wenn es unangenehm ist, fühlen Sie hin
und malen Sie. Spüren Sie nur hin und drücken Sie es aus.
Nehmen Sie sich die Zeit dafür, die Sie brauchen.

Wenn die Gefühlswellen abzuebben beginnen, und Sie
sich das Bild anschauen – vielleicht ist es das Bildnis Ihres
verlassenen inneren Kindes geworden, vielleicht sind es
Formen und Figuren geworden, die Sie mit den Gefühlen
Ihres verlassenen inneren Kindes verbinden – dann kann

es hilfreich sein, dass Sie nach innen zu Ihrem verlassenen inneren Kind im Bauch sprechen: *Ich spüre dich. Ich bin jetzt da. Du darfst mir alles zeigen, ich höre dir zu und ich bin da. Du darfst sein, wie du bist. Du darfst fühlen, was du fühlst.*

Würdigen Sie Ihre Erfahrung

Diese Übungen, zu denen ich Sie hier anleite, sind eine Einladung an Sie, das Drama Ihres Lebens als Schatz anzunehmen und es zu gestalten. Ich hoffe, Sie konnten bereits die Kraft Ihrer Gefühle spüren und die Erfahrung machen, sie durch sich durchkommen zu lassen. Wenn das geschehen ist, würdigen Sie es bitte, es ist ein großer Schritt. Wenn Sie sich noch herantasten, so würdigen Sie bitte auch diesen Prozess, denn er legt gerade das Fundament für tiefere Erfahrungen.

Würdigen Sie bitte die Erfahrung, die Sie mit Ihrem verlassenen inneren Kind machen durften, indem Sie sich bei Ihrem inneren Kind bedanken.

Schauen Sie, wenn Sie mögen, Ihr Bild an und lassen Sie die Prozesse wieder anklingen. Vielleicht mögen Sie an dieser Stelle innehalten, Ihre Erfahrungen aufschreiben und eine Pause machen.

Auf der Reise zur kreativen Kraft Ihres inneren Kindes, die wir gemeinsam unternehmen, sind wir bereits einige Schritte gegangen, entscheidende Schritte, wie ich sagen möchte: Ihr verlassenes inneres Kind ist nicht mehr so verlassen, wie es war, es hat Ihnen vielleicht schon an dieser Stelle seine Verlassenheitsgefühle gezeigt, und Sie haben diese Gefühle anerkannt und ausgedrückt. Damit haben Sie einen Kontakt zu einem bislang vielleicht unterdrückten Anteil von Ihnen hergestellt und den Kontakt zu Ihrem inneren Kind und seinen vitalen Gefühlen wiedergefunden.

Vielleicht schauen Sie einmal auf das Bild – nehmen auch das Bild des inneren Kritikers hinzu – und sprechen nach innen zu Ihrem Bauch, wo das innere Kind wohnt: *Ich danke dir!* Und: *Ich bin da für dich!*

Den Kontakt zum inneren Kind halten

Um den Kontakt zu Ihrem innerem Kind immer wieder herzustellen, können Sie jederzeit zu Ihrem inneren Kind sagen *Ich bin da*, und in Ihren Bauch hineinspüren. Sie können auch eine Skizze machen, einfach mit dem Kugelschreiber auf einen Karoblock: *Ah, so sieht mein inneres Kind gerade aus!* Das ist eine sehr hilfreiche Technik, die Verbindung zum inneren Kind herzustellen und zu halten.

In der Not: Skizzen zeichnen

Wenn Sie sich in einer Stresssituation befinden oder sich aufgewühlt fühlen, dann können Sie, anstatt diese Gefühle zu bekämpfen (und dadurch den Konflikt in Ihnen nur zu verstärken), den inneren Kritiker und Ihr inneres Kind skizzieren: Zeichnen Sie zwei Gesichter oder Figuren auf ein Blatt Papier und drücken sie aus, was die miteinander anstellen. Das kann zum Beispiel so aussehen:

Sie werfen kurz Ihren inneren Krieg auf das Papier ..., und bemerken vielleicht sofort Erleichterung. *Ah, der Konflikt darf sein, ja, das passiert gerade in mir.* Wenn Sie das zulassen und erlauben – und das geschieht, wenn Sie es ausdrücken – gewinnen Sie Abstand zu Ihrem Konflikt.

Das Drama des inneren Kindes ist ein Schatz

Vielleicht mögen Sie meine Behauptung, ein Drama wie der Trojanische Krieg oder die Odyssee spiele sich in unserem Inneren ab, mittlerweile bestätigen. Ich hoffe das. Ich hoffe, Sie haben bereits durch das Malen des inneren Kritikers und des verlassenen inneren Kindes Kontakt zu Ihrem eigenen Drama gefunden – und sich damit einen Zugang zur schöpferischen Kraft Ihres inneren Kindes erschlossen. Das Drama Ihres inneren Kindes ist das größte Drama, und wenn Sie es in sich erlauben, anerkennen und ausdrücken, so entfalten Sie Ihre Einzigartigkeit. Insofern ist das Drama Ihres inneren Kindes Ihr größter Schatz.

Wir haben nun die beiden Anteile von uns, die sich in unserem Inneren bekriegen, anerkannt und Kontakt zu ihnen aufgenommen. Wenn Sie sich im Folgenden in Ihrer Kreativität blockiert fühlen, können Sie auf diese Erfahrung zurückgreifen, sich die polare Konstellation in Ihnen, der innere Kritiker gegen das innere Kind, bewusst machen und sich von diesem Konflikt lösen, indem Sie ihn erlauben und fühlen. Wenn Sie das tun, beginnt Ihre schöpferische Kraft wieder zu fließen.

Das ist ein Prozess, den wir, wenn wir unsere schöpferische Energie entfalten, immer wieder durchlaufen müssen. Dieser Prozess geschieht in unserem Körper. Die schöpferische Kraft sitzt in unserem Körper, und sie fließt durch unseren Körper, wenn wir sie ausdrücken. Deshalb ist der Körper so wichtig, und wir wollen uns im Folgenden damit beschäftigen, was im Körper passiert, wenn wir die schöpferische Kraft zulassen.

7. Kapitel
Die Magie unseres Körpers

Wenn wir in einem Konflikt verstrickt sind, sind wir mit dem inneren Kritiker oder dem verlassenen inneren Kind identifiziert. Das können wir daran erkennen, dass wir unseren Körper nicht mehr oder nur teilweise fühlen. Tatsächlich vermeiden wir zu spüren, wie der Konflikt sich im Körper anfühlt. Wie es sich anfühlt, *wenn beide Teile von uns zugleich im Körper sind.* Stattdessen fühlen wir einen Druck, eine Dringlichkeit, ein Getriebensein – das sind die Anzeichen dafür, dass wir mit unserem Kritiker identifiziert sind und die Angst unseres verlassenen inneren Kindes bekämpfen.

Doch die Angst ist da. Die Angst unseres verlassenen inneren Kindes kommt immer wieder durch, und die Reaktion unseres inneren Kritikers ist die, noch größeren Druck zu erzeugen. Das macht wiederum die Angst noch stärker. So pendeln wir zwischen dem Druck des inneren Kritikers und der Angst unseres verlassenen inneren Kindes; beide Teile von uns ringen um die Vorherrschaft, und da der Konflikt so scharf ist, können wir es durchaus als Krieg bezeichnen: ein Krieg, der in uns wütet. Identifiziert mit unserem inneren Kritiker wollen wir aber nicht einmal diesen Konflikt wahrhaben. Wir glauben, wir dürften keine Angst haben. Die Angst ist verboten.

Erst wenn ..., dann ...

Angenommen, wir befinden uns auf dem Weg zu einer wichtigen Prüfung oder einem Auftritt, dann kann es sein, dass wir nur noch darüber nachdenken, wie es sein wird. Während wir immer wieder den möglichen Ablauf durchspielen, fühlen wir unseren Körper nicht mehr. Wir nehmen unsere Füße nicht mehr wahr, wir spüren unsere Beine nicht mehr, wir sind überall, aber nicht im Körper und nicht in der Gegenwart. Wir haben den Kontakt zur Gegenwart völlig verloren, wir nehmen uns, wie wir gerade sind, nicht wahr. Unterdessen bringt uns unser Körper per Autopilot an den Ort der Entscheidung.

Es sind immer wieder die gleichen Gedanken, die wir denken, aber wir können die Gedankenspirale nicht abstellen. Es ist ein eingeschränktes Dasein, es ist nicht kreativ, so zu existieren, es macht keinen Spaß. Wir halten das nur durch eine Erst wenn ..., dann ... – Konstruktion aus: Erst wenn wir die Prüfung geschafft haben, erst wenn wir den Auftritt hinter uns gebracht haben, dann können wir wieder ganz sein, dann sind wir wieder frei. Wenn wir in einem solchen Zustand gefangen sind, haben wir keinen Zugang zu unserem Bauch und zu unserem Becken, wir haben keinen Kontakt zu unserem inneren Kind. Der Konflikt frisst uns auf, er frisst unsere Präsenz, unser Gegenwärtigsein. Tragischerweise benötigen wir aber genau diese Gegenwärtigkeit im Körper, um unsere Stärken optimal abzurufen.

Lampenfieber

Schauspieler kennen dieses Phänomen nur zu gut und nennen es „Lampenfieber". Der eine hat das mehr, der andere weniger, damit muss man halt leben. Manche glauben auch, sie benötigen das Lampenfieber dazu, um auf der Bühne die volle Leistung abrufen zu können. Dieser Glaubenssatz ist ausgesprochen masochistisch, er besagt: Zum Erfolg gehört es, zu leiden. Um großen Erfolg zu haben, müsse zuvor ordentlich gelitten worden sein. Und nur wenn genug gelitten worden ist, dann kann dieser magische Moment, dieses Wunder geschehen: Wir treten auf die Bühne oder in den Prüfungsraum und der Konflikt fällt tatsächlich von uns ab. Eben wären wir beinahe zusammengeklappt, jetzt bringen wir überraschend doch noch die gewünschte Leistung. Ja, es ist ein Wunder, und die Vorbedingung ist das Leiden. Wir wissen nicht, wie das sein kann. Doch können wir uns, selbst wenn wir anständig leiden, nie sicher sein, dass dieses Wunder geschehen wird. Wenn wir Pech haben, geschieht es nicht, und wir erfahren die gefürchtete Katastrophe.

Eine solche Katastrophe passierte mir in meiner Assistenzzeit als Heilpraktiker. Ich hatte gerade die Überprüfung geschafft und bewarb mich in verschiedenen Praxen um eine Assistenzstelle. Das Problem war, dass ich noch keine Injektionstechniken beherrschte. Als ich mehrere Absagen kassierte, weil ich das zugegeben hatte, änderte ich meine Taktik und gab mich fortan als Profi in Sachen Injektionen aus. Und siehe da, schon hatte ich eine Assistenz in einer größeren Praxis. Wie ein Besessener begann ich, den Umgang mit Spritzen, Kanülen und der Staubinde zu trainieren, aber nur im „Trockenen" – ich hatte keine Freiwilligen zur Hand, die mir Arm oder Gesäß zur Verfügung stellten. Die Nacht vor meinem ersten Auftritt in der Praxis schlief ich nicht, wohl tausend Mal ging ich die Abläufe der Injektionen durch: Erst machst du dies, dann das … usw. Endlich, am späten Nachmittag des nächsten Tages hieß es: *Mike, mach du jetzt mal die Injektion, i.v. (intravenös), weißt ja Bescheid!*

Eine ältere Dame lag bereits auf der Liege, mir fiel auf, dass meine Hände zitterten – aber nicht nur leicht, sondern extrem. Es fiel mir schwer, meine Finger gezielt zu bewegen. *„Warum dauert denn das so lange?"*, hörte ich aus dem anderen Praxisraum. *„Gleich, gleich …"*, rief ich zurück. Als ich mich der Patientin mit dem Spritzentablett näherte, bekam sie Angst. *„Geht es Ihnen nicht gut?"* fragte sie. *„Doch, doch …"* sagte ich, und während meine Hand der Einstichstelle entgegenzitterte, rannen mir Schweißtropfen über das Gesicht. Die Patientin schloss die Augen, offenbar ergab sie sich ihrem Schicksal. Nun stach ich ein und traf sogar die Vene, löste gekonnt die Staubinde und injizierte das Mittel. Es schien ganz gut zu laufen, ich bekam Oberwasser, aber nur kurz. Ich hatte noch gut ein Drittel in der Spritze, da bemerkte ich, dass ich vergessen hatte zu atmen. Ein leichter, unauffälliger Atemzug war jedoch nicht mehr möglich, ich dachte, dann halt den Atem an, bis du fertig bist, da geschah es: Ich schnappte so laut nach Luft wie ein Apnoetaucher, der nach fünf Minuten unter Wasser seinen ersten Atemzug tut. Entsetzt riss sie die Augen auf, „Was ist passiert?" kam der

Heilpraktiker aus dem Nebenraum angerannt. *„Alles okay ...*",
immer noch rang ich nach Luft. Der Tag war für mich gelaufen:
schon nach meiner ersten Injektion war ich völlig erschöpft.

Im Konflikt verstrickt zu sein, kostet Kraft. Wir dürfen
nichts falsch machen, es scheint, als gehe es um Leben oder
Tod. Das ist so anstrengend, dass ein paar Handgriffe hinrei-
chen, uns körperlich völlig fertig zu machen. Um solche
Zustände des Blockiertseins zu vermeiden, wenden Schauspieler vor Auftritten bestimmte Techniken an: Sie machen
zum Beispiel Atemübungen oder klopfen sich den Körper ab.
Das Ziel dabei ist, wieder den Körper zu spüren und in die
Gegenwart zurückzukommen.

Die Wirkung solcher Techniken habe ich selbst, als ich
Schauspiel-Workshops besuchte, ausprobiert und auch an
anderen beobachten können – sie helfen, wenn überhaupt,
nur kurzfristig. Solange der Konflikt geleugnet wird, dienen
diese Versuche, in den Körper zurückzukehren, nur unserem
inneren Kritiker und unterstützen ihn im Kampf gegen die
Gefühle unseres verlassenen inneren Kindes.

Wir können uns daraus befreien, indem wir den Konflikt in uns erlauben und fühlen. Der erste Schritt ist, unseren
inneren Kritiker am Werke zu spüren und ihn als einen
Teil von uns wahrzunehmen: Wir dis-identifizieren uns von
unserem inneren Kritiker! Anders gesagt: Wir geben uns die
Erlaubnis, scheitern zu dürfen.

Die Erlaubnis zum Scheitern

Vor einigen Jahren hätte ich am Liebsten alles hingeschmissen, um als Schauspieler Improvisationstheater zu machen. Nun, ein Teil von mir hätte das gerne getan, mein inneres Kind. Das ist so richtig aufgeblüht, als ich begann, Impro zu spielen. Denn dort geht es nur um eines: zu scheitern – und das hemmungslos zu genießen.

Der Improschauspieler geht auf die Bühne und hat nichts außer der Gewissheit, dass er scheitern wird, er weiß nur noch nicht, wie. Es gibt keine Rolle, es gibt keinen Text, denn die Zuschauer bestimmen die Szene. Was ihnen gerade einfällt, das muss der Improschauspieler tun, zum Beispiel sagen sie: *Du bist in einer Imbissbude.* Da steht man dann und soll etwas Interessantes daraus machen. In manchen Improsettings dürfen die Zuschauer zusätzlich als Jury fungieren und die Szene abbrechen, sobald einem von ihnen langweilig wird, mit einer Glocke abbimmeln. Dann kommen zwei Rausschmeißer auf die Bühne und tragen den Schauspieler weg, während der noch *Aber ich hatte gerade eine Idee!* rufen kann – Improspielen ist immer ungerecht. Es ist aber nur ein Spiel und jeder Improschauspieler weiß, dass er dem Abbruch nicht entgehen kann, nur nicht wann er erfolgt. Deswegen bleibt ihm nur die Gegenwart, und es bleibt ihm nichts anderes übrig, als zur Gegenwart Ja zu sagen. Wenn er nachdenkt und beginnt, Konzepte zu entwickeln, wenn er also der Gegenwart eine Vorstellung aufpfropfen will, dann bemerken es die Zuschauer, weil ihnen langweilig wird. Sie können absehen, auf was es hinausläuft, sie können spüren, dass sich der Schauspieler vor dem Scheitern schützen will. Es fehlt die Frische, jenes Moment der Überraschung.

Wenn sich zum Beispiel der Schauspieler in der Imbissbude denkt: *Ah, ich weiß, ich tue jetzt so, als wende ich Würstchen, dann bin ich ganz überrascht, weil es schlecht riecht, und dann werde ich ohnmächtig* – dann wird er diese Idee nicht zu Ende spielen können, es ist einfach zu abtörnend. Es ist etwas Gedachtes, es lebt nicht, und das mögen die zuschauenden inneren Kinder nicht. Zuschauende innere Kinder mögen es nicht, wenn jemand etwas perfekt machen will, besonders, wenn es demjenigen auch noch gelingt. Das Perfekte macht ihnen Angst. Das Gewollte und Perfekte kommt vom inneren Kritiker, es ist lebensfeindlich, und davor flüchten unsere inneren Kinder.

Nun stellen wir uns einmal vor, der Improschauspieler fängt an, Würstchen zu wenden, ihm fällt nichts ein, aber er bemerkt, dass er seine linke Hand eine Weile nicht bewegt hat. Etwas stimmt mit der Hand nicht. Er hebt die Hand und schaut sie verwundert an, entsetzt fragt er: *Wer bist du?*

Das wäre spannend. Wer würde hier sagen, das sei langweilig? Nein, das ist so spannend, dass wir unbedingt wissen wollen, wie es weitergeht. Warum? Weil dieser Improschauspieler es selbst nicht weiß. Er gibt sich dem Leben hin, ohne zu wissen, was passieren wird. Dann geschieht etwas, was er nicht geplant hatte, etwas Unerwartetes, etwas Magisches, wie es nur aus der Gegenwart geboren werden kann. Die Gegenwart ist reich, überraschend und lebendig.

Sich in die Gegenwart fallen lassen

Wenn wir uns der Gegenwart hingeben, kommt etwas Größeres durch uns durch. Wir können das nicht machen, aber wir können uns hineinfallen lassen, und je mehr wir das tun, desto mehr übernimmt uns die schöpferische Kraft und führt.

Als ich Anfang zwanzig war, geriet ich in einen Zustand absoluter Gegenwärtigkeit, der drei, na, sagen wir zweieinhalb Tage anhielt. Ausgelöst wurde er durch einzelne Sätze aus einem kleinen Büchlein von Meister Eckhart, dem christlichen Mystiker. Die Sprache mag vielleicht merkwürdig anmuten:

Das Licht leuchtet in der Finsternis, da erst wird man sein gewahr.

*Je ärmer der Mensch im Geiste ist, um so mehr
sind alle Dinge sein Eigen.*

*Was einen Menschen groß macht,
ist ein Verachten und Verwerfen seiner selbst.*

Des Meinen soll ich vergessen in allen Dingen.

*Um soviel ich meiner selbst mich begebe,
um soviel mehr empfange ich.*

*Wache über dich, und wo du dein Ich am Werke spürst,
da lass es fahren — das ist das Allerbeste.*

*Denn all unser Sein liegt an nichts sonst denn an
einem Zunichtewerden.*

*Lass Gott nur machen und habe du den Frieden!
Denn so weit bist du in Gott, als du bist in Frieden.*

Leer sein … ist Gottes voll sein.

*Willst du leben und willst du, dass deine Werke leben,
so musst du allen Dingen tot und zunichte geworden sein.*

Diese Sätze katapultierten mich damals in die Gegenwart, weil sie mich vom Denken befreiten. Ich konnte mich der Gegenwart hingeben und die Last der Verantwortung für mich und mein Leben an Gott übergeben – was für eine Freiheit, was für ein Frieden! In meiner Hochstimmung forderte ich Gott heraus und rief ihm zu, er möge doch auf mich werfen, was er wolle, mir sei es nur eine Prüfung im Zunichtewerden meiner selbst.

Nicht Gott herausfordern

Davon berichtete ich meiner damaligen Freundin. Sie fragte sogleich, wie es sich mit damit verhielte, wenn sie mit einem anderen Mann fremdgehen würde. Ich lachte. Ich sagte, ich würde darauf achten, nicht darüber nachzudenken, sondern das Vorkommnis auf Gott werfen, und der würde es dann für mich tragen. Bald erfuhr ich, dass sie mich wirklich mit einem anderen Mann betrog. Ich bedauerte, dass ich Gott herausgefordert hatte, ich hatte den Mund zu voll genommen. Die Gefühle meines verlassenen inneren Kindes überschwemmten mich und meine Bemühungen, meinen Geist leer werden zu lassen, verstärkten die Verlassenheit und brachten mir zusätzlich ein Schuldgefühl dafür ein, dass ich die Gegenwart nicht mehr halten konnte.

Geholfen hätte mir, die Verlassenheitsgefühle körperlich zuzulassen – sie so zu fühlen, wie sie sich anfühlen, anstatt verzweifelt gegen sie anzukämpfen – aber davon war ich damals weit entfernt. Ich lernte aber, dass ich nicht mit Gewalt leer werden kann. Leerwerden können wir nicht, wenn wir mit einem Teil von uns identifiziert sind; wenn wir aus unserem inneren Kritiker gegen die Gefühle unseres verlassenen inneren Kindes ankämpfen.

Die Präsenz jenseits vom Konflikt

Im Gegenteil, der Versuch, solche Idealzustände zu erreichen, wie etwa auch der, nur noch positiv zu denken, schlägt ins Gegenteil, wenn wir es aus der Identifizierung mit einem Teil von uns versuchen. Das Leerwerden alles Erschaffenen, wie Meister Eckhart es sagt, dieses *Vernichten unserer selbst*, meint, nicht mehr mit unseren Konflikten identifiziert zu sein. Dort, jenseits der Konflikte, ist das Nichts, und dort zu sein, bedeutet, nicht mehr mit den Bestrebungen unserer inneren Anteile identifiziert zu sein. Das heißt nicht, dass sie weg sind. Sie sind da, sie dürfen da sein, wir sind ihrer gewahr, aber wir sind nicht mehr identifiziert mit ihnen. Unser Ich ist die Identifikation mit einem Anteil von uns, und das Nichts oder Nicht-Ich ist eine Präsenz jenseits von unseren Konflikten – es ist die Perspektive eines Zeugen, der den Konflikt wahrnimmt, der Kontakt zu ihm hat, aber nicht in ihm drin ist und ihn glaubt.

Ich jedenfalls war damals fern von diesen Einsichten.

Konfrontiert mit dieser schlimmen Verletzung, dass meine Freundin mich betrogen und angelogen hatte, machte ich mir Druck, angesichts dieses Schmerzes leer sein zu müssen. Die vormals so erlösende Lektüre von Meister Eckhart wurde zur reinen Qual. Heute würde mich eine solche Offenbarung meiner Freundin genauso schwer treffen wie damals, auch heute würde ich deswegen am Stock gehen, aber ich würde nicht versuchen, gegenan zu kämpfen. Ich würde versuchen, den Schmerz exakt im Körper zu spüren, ihn zu begrüßen und auszudrücken. Ich würde malen und eine Geschichte schreiben, die meinen Schmerz ausdrückt. Und ich würde meiner Freundin klarmachen, was los ist und eine Grenze ziehen.

Gott darum bitten, dass er weitere Wachstumsreize dieser Art auf mich werfen solle, würde ich allerdings nicht mehr tun.

Die Eckhartsche Durchlässigkeit verging mir damals recht schnell. In Wahrheit musste ich ja schon am ersten Tag alle zehn Minuten mit den Sätzen von Eckhart nachfeuern, um wieder den Geschmack der Freiheit zu schmecken.

Am dritten Tag war dann endgültig Schluss. Ich litt damals Wochen daran, diesen Zustand nicht mehr durch einen Denkprozess initiieren zu können. Und wenn ich diese Freiheit je noch einmal erreichte, so hielt sie nur ein, zwei Nanosekunden an, sie war auf diese Weise nicht zu halten.

Das Nichts

Was bleibt, wenn wir unser Ich auf Gott werfen und Ihn es tragen lassen? Oder weniger christlich ausgedrückt: Wenn wir unsere Konflikte und die daraus entstehenden Gedanken nicht mehr ernst nehmen? Wenn wir uns nicht mehr mit unseren Konflikten und Konzepten identifizieren? Eckhart würde sagen, nichts. Es bleibt das große Nichts. Auch Zen-Anhänger würden das bestätigen. Auch sie suchen das Nichts, und sie tun es, indem sie sich Rätsel stellen, die mit dem Verstand nicht zu lösen sind, *Koans*. An diesen Koans sitzen sie solange, manchmal jahrelang, bis ihr Verstand aufgibt, das Koan zu lösen – in diesem Moment erreichen sie Satori, den Zustand jenseits der Polarität. Unser Koan ist der Konflikt in uns. Anstatt ihn lösen oder auch nur verändern zu wollen, erlauben wir ihn, so wie er ist. Wir stimmen unserem Konflikt vollständig zu. In diesem Moment sind wir ganz. Wir erkennen uns selbst, und wir sind ganz in der Gegenwart. Hier, in der Gegenwart, in diesem Jetzt, wo wir keine Vorstellungen und Bilder unseres Denkens mit der Gegenwart abgleichen, bleibt noch etwas übrig – und das ist unser Körper.

Unser Körper ist klüger als wir

Wenn wir aufhören, die Gegenwart mit dem abzugleichen, was wir uns von ihr vorstellen, wenn wir also leer werden, und sei das auch nur für einen kurzen Moment, dann finden wir uns in unserem Körper wieder und nehmen wahr, was wir fühlen. In diesem Moment sind wir durchlässig, das heißt: Wir spüren nicht in uns hinein, um zu suchen, was gerade nicht stimmt und es dann zu verändern, sondern wir spüren *einfach*. Wir stellen uns nicht mehr infrage, stattdessen stimmen wir dem bedingungslos zu, was wir in uns wahrnehmen. Anstatt uns zu suchen, indem wir uns denkend entwerfen, finden wir uns, indem wir wahrnehmen, was in unserem Körper geschieht. Es steht nicht mehr zur Disposition, was wir empfinden. Die Basis unseres Erlebens ist nicht mehr unser bewertendes Denken, sondern die Empfindung unseres Körpers.

Wenn die Kraft unseres inneren Kindes durch uns kommt, geschieht genau das. Sie kommt durch uns hindurch, wenn wir uns hingeben. Wenn wir unsere Gedanken und Vorstellungen hingeben und leer werden, dann durchflutet uns die schöpferische Kraft. Sie nimmt uns die Last ab, die darin besteht, zu kontrollieren, was wir wahrnehmen. Die schöpferische Kraft trägt uns – und sie erlöst uns vom Verantworten.

Wir lassen die Hand vom Ruder, wir geben unsere Konzeption von uns selbst auf. Stattdessen werfen wir uns ganz der schöpferischen Energie hin. Gerade dieses Loslassen lässt die Kraft durch uns kommen.

Vertraue der Macht

Im ersten Star Wars Film hört Luke Skywalker während der entscheidenden Mission die Stimme seines Meisters: Luke! Vertraue der Macht! Und Luke macht es, er schaltet den Zielcomputer aus, schließt seine Augen und überlässt sich und seinen Körper der Macht. Die übernimmt, und so kann das scheinbar Unmögliche geschehen: Luke zerstört den Todesstern.

Was geschieht in unserem Körper, wenn wir durchlässig werden und die Kraft durch uns durchkommt?

Dies ist kein passiver Vorgang, wie man denken könnte, denn wir sind es, die sie durchlassen oder nicht. Wir entscheiden das. Und so merkwürdig es klingen mag: In unserem Körper gibt es Schalter, um die schöpferische Kraft an- oder abzuschalten.

Wie wir die Kraft abschalten

In unserer normalen neurotisch-kompensierten Verfassung ist die schöpferische Kraft abgeschaltet. Die Abschaltung der schöpferischen Kraft ist sogar die zwingende Vorbedingung, um überhaupt Neurosen entwickeln zu können. Dazu muss der Zugang zu unserem Bauchgefühl, zu unserem inneren Kind, versperrt werden. Nur so können wir es erreichen, dass wir unsere Zeit damit zubringen, immer wieder dasselbe zu denken, uns nicht ganz zu fühlen und unsere Unfreiheit zu beklagen.

Um diesen Zustand verlässlich aufrechtzuerhalten – das ist eine Leistung! – müssen wir verschiedene Dinge in unserem Körper anstellen: Wir müssen Brustatmung betreiben, also flach atmen, Tiefenatmung in den Bauch müssen wir unbedingt vermeiden. Auch sollten wir unsere Füße ignorieren, bloß nicht den Boden wahrnehmen, auf dem wir stehen, nicht die Unterlage, auf der wir sitzen, das würde uns nur zurück in die Gegenwart bringen und uns am gebetsmühlenartigen Denken hindern. Am Besten erreichen wir das, indem wir unser Becken blockieren, ja, wir müssen unser Becken feststellen und dann die Muskulatur in unserer Lendenwirbelregion anspannen, noch besser, dauerhaft verspannen. Dann werden wir in unserem Unterkörper so fest, dass wir ihn gar nicht mehr wahrnehmen, bald vergessen wir ihn ganz. Nur so können wir sicherstellen, dass wir den Kontakt zu unseren Gefühlen dauerhaft verlieren und können uns in Ruhe auf die ewige Wiederkunft unserer Gedanken konzentrieren.

Wenn ich diese Verfassung provokativ darstelle, dann soll das nicht heißen, dass ich etwa darüber erhaben bin. Es ist auch mein normaler Zustand – es sei denn, ich nehme ihn wahr, erleide ihn und möchte ihn verändern. Wie das geht, möchte ich im Folgenden aufzeigen.

Wie wir die Kraft im Körper anschalten

Der entscheidende Schalter liegt im Becken. Spüren Sie bitte zunächst in Ihren unteren Rücken, in die Lendenregion.

Entspannen Sie sich dort, tun Sie bitte so, als atmeten Sie aus der Lendenregion. Und lassen Sie sich in dieser Region *weich* werden.

Wenn Sie das ein paar Momente lang tun, bemerken Sie vielleicht, wie schwer es jetzt ist, noch zu denken oder sich gar ernsthaft mit dem, was Sie denken, zu identifizieren – Sie können das nur, wenn Sie Ihre Aufmerksamkeit wieder aus dem Becken ziehen. Machen Sie das bitte einmal: Denken Sie intensiv an ein Problem, lenken Sie Ihre Aufmerksamkeit ganz auf das Problem. Sie werden merken, wie Sie im Körper automatisch hochrutschen und ihn bald nicht mehr spüren. Das ist die Technik, um die körperliche Präsenz im Hier und Jetzt zu verlieren und stattdessen in gedankliche Konzeptionen einzusteigen. Es ist hilfreich, sich diesen Automatismus bewusst zu machen, um ihn nicht mehr hilflos zu erleiden, sondern Kontrolle darüber zu gewinnen.

Noch tiefer in den Körper

Nach diesem Ausflug in den Kopf möchte ich Sie nun noch etwas tiefer in Ihren Körper führen. Lenken Sie bitte Ihre Aufmerksamkeit wieder hinunter ins Becken, atmen Sie tief in den Bauch, und dann stellen Sie sich vor, wie Sie aus der Weichheit Ihres Beckens atmen. Gehen Sie nun mit Ihrer Aufmerksamkeit noch tiefer ins Becken, spüren Sie die Unterlage, auf der Sie sitzen, und entspannen Sie bitte Ihr Gesäß und vor allem Ihre Beckenbodenmuskulatur, indem Sie die Schließmuskel entspannen. Das tun Sie übrigens ganz automatisch, wenn eine große Spannung von Ihnen abfällt, zum Beispiel, wenn Sie glauben, Sie haben Ihre Brieftasche verloren und sie plötzlich wiederfinden. In solchen Momenten der Erleichterung werden Sie locker im Becken und lockern auch die gewöhnlich übermäßige Anspannung der analen und genitalen Schließmuskulatur. Auch wenn Sie sich länger mit der Wut auf jemanden beschäftigt haben, und dann plötzlich merken, dass Sie im Grunde zutiefst gekränkt sind, in diesem Moment der Anerkenntnis – wo Sie den Kampf gegen das Gefühl aufgeben – rutschen Sie in den Körper, ins Becken und entspannen bis ganz unten. Ihre gesamte Verfassung ändert sich dadurch, und Sie rufen dann vielleicht aus: *Ah, ach das ist es! Ich habe die ganze Zeit dagegen angekämpft, dass ich so gekränkt bin!*

Im Focusing nennt man diese spontane Veränderung der Verfassung einen *Shift*. Einem solchen Shift können wir uns auch vom Körper her nähern und zwar, indem wir im Becken und im Gesäß weich werden – und das, was uns gerade beschäftigt und was wir fühlen – durch diese Weichheit fallen lassen.

Wenn wir das tun, Sie können das vielleicht jetzt bemerken, spüren wir nicht nur unser Becken, wir spüren auch den Kontakt zur Unterlage, auf der wir sitzen, und wir spüren auch unsere Beine. Gehen Sie einmal, während Sie locker im Becken bleiben, mit Ihrer Aufmerksamkeit bis hinunter in die Füße, und spüren Sie den Kontakt Ihrer Füße mit dem

Boden. Jetzt können Sie sich vorstellen, Sie würden aus dem Boden durch Ihre Füße atmen. Vielleicht merken Sie jetzt, wie Sie sich in Ihren Körper einwurzeln. Wenn Sie das tun, sind Sie nicht mehr in Ihrem Kopf, sondern in Ihrem Körper – und der führt Sie.

Gefühle durchfallen lassen

Sie können diese Technik, sich in Ihrem Körper einzuwurzeln, nutzen, wenn Sie von einem Problem gejagt werden. Das heißt, wenn Sie merken, dass Sie in einem Konflikt verstrickt sind. Beginnen Sie, während Sie über den Konflikt nachdenken, in Ihr Becken zu spüren, sich dort zu lockern, und dann diesen Konflikt und alle Gefühle, die sich zu diesem Konflikt einstellen, durch diese Lockerheit hindurchfallen zu lassen. Sie brauchen diese Gefühle nicht festzuhalten, Sie brauchen sie nicht zu benennen, ja nicht einmal zu verstehen. Während dieses Fühlen da ist, lassen Sie es zu, indem Sie weich bleiben und es in diese Weichheit fallen lassen. Wenn Sie das tun, können Sie bemerken, wie diese Gefühle ihre Schärfe verlieren und wie Sie, während die Gefühle durch sie hindurchgehen, frei von ihnen werden. Lassen Sie die Gefühle in Ihrem Körper zu, die Gedanken, und während sie nicht dagegen ankämpfen, entspannen Sie sich im Becken und gehen bis zu den Füßen hinunter.

8. Kapitel

Die Kraft anschalten und malen

Im Folgenden möchte ich Sie einladen, in dieser Weise die Kraft Ihres inneren Kindes anzuschalten und aus Ihrem Körper heraus zu malen.

Dabei ist der tiefe Kontakt zum Körper die Hauptsache: Dort mit unserer Aufmerksamkeit zu verbleiben, interessiert uns – und nicht das, was wir malen. Das Bild, welches dabei entsteht, ist nur ein Vehikel, um uns tiefer berühren zu lassen. Anstatt auf ein Ergebnis abzuzielen, begleiten wir den Prozess in unserem Körper mit den Stiften. Das Bild malt sich von selbst.

Im Folgenden lade ich Sie also zu einer intensiven Erfahrung mit Ihrem Körper ein und führe Sie detailliert durch die einzelnen Schritte.

Beginnen Sie mit den bekannten Vorbereitungen: Legen Sie die Stifte und das Malpapier bereit, und sorgen Sie für einen sicheren Rahmen, indem Sie Störungsquellen ausschalten.

In den Kontakt mit dem Körper gehen

Schließen Sie die Augen und beginnen Sie, sich in Ihre Füße einzuspüren und den Kontakt zum Boden wahrzunehmen.

Sagen Sie *Hallo* zu Ihren Füßen, und spüren sie einfach, wie Ihre Füße sich gerade anfühlen. Stellen Sie sich vor, Sie würden durch Ihre Füße aus dem Boden Energie ziehen. Gehen Sie dann höher, durch die Fußgelenke hindurch in Ihre Unterschenkel, und stellen Sie sich vor, wie die Energie aus dem Boden durch Ihre Füße, durch Ihre Unterschenkel hindurch in Ihre Knie fließt. Und weiter, durch Ihre Oberschenkel hindurch, in Ihr Becken einströmt, in Ihr Gesäß, und stellen Sie sich vor, wie aus der Unterlage, auf der Sie sitzen, ebenfalls eine Energie in Ihr Gesäß einströmt. Spüren Sie Ihren Rücken hinauf, wie Ihr Rücken sich anfühlt, und schicken Sie diesen Strom der Aufmerksamkeit in Ihre Schultern, dann in die Arme hinunter, bis in Ihre Fingerspitzen. Spüren Sie, womit Ihre Hände und Finger in Kontakt sind. Und nun können Sie sich vorstellen, dass auch hier eine Energie in Sie einfließt, vielleicht spüren Sie dabei ein Kribbeln an den Stellen, wo Ihre Hände Kontakt haben.

Dann spüren Sie bitte weiter hinauf in Ihren Nacken, hoch in die Kopfhaut und nach vorne in die Stirn und in Ihre Augen. Fühlen Sie einmal das Gewicht Ihrer Augen in den Augenhöhlen. Dann spüren Sie bitte weiter in Ihre Nase, bis zur Nasenspitze, in Ihre Lippen und Ihre Zunge, und in die ganzen kleinen Muskeln Ihres Gesichts, in die Ohren, und schließlich bis zu Ihrer Kinnspitze.

Ins Innere des Körpers gehen

Nun führen Sie bitte Ihre Aufmerksamkeit in das Innere Ihres Halses, in Ihre Kehle, und spüren von innen her, wie es sich in Ihrem Hals anfühlt. Vielleicht schlucken Sie einmal und nehmen wahr, wie sich das anfühlt, und begrüßen, was Sie dort wahrnehmen: Sei es eine Enge, eine Weite, einen Schmerz oder sei es auch irgendwie nichts – begrüßen Sie es einfach, indem Sie nach innen *Hallo* sagen. Gehen Sie dann tiefer hinunter in Ihren Brustkorb und spüren Sie von innen, wie es sich dort anfühlt. Begrüßen Sie, was Sie wahrnehmen, indem Sie *Hallo* zu der Empfindung sagen.

Gehen Sie bitte mit Ihrer Aufmerksamkeit in Ihren Bauch hinunter, den Oberbauch, den Mittelbauch – um den Nabel herum – und in den Unterbauch, und spüren Sie auch hier, wie es sich von innen her anfühlt. Bleiben Sie eine Weile mit Ihrer Aufmerksamkeit im Bauch und begrüßen Sie die Empfindungen, auch und gerade, wenn sie ganz vage sind, sich also am Rand Ihrer Wahrnehmung befinden. Bis Sie merken: *Ja, da ist etwas – ich weiß nicht was, aber da ist etwas.* Und während Sie bei diesen Wahrnehmungen im Bauch bleiben, werden Sie bitte weich im unteren Rücken, in der Lendenregion. Es ist so, als würden Sie von dort her atmen. Gehen Sie jetzt noch tiefer, und entspannen Sie auch Ihren Beckenboden. Während Sie das tun, spüren Sie vielleicht ganz automatisch, wie Ihre Aufmerksamkeit auch in Ihre Beine geht, in Ihre Füße, und wie Sie die Energie aus dem Boden in Ihre Füßen hinaufziehen, ganz so, als würden Sie durch Ihre Füße atmen – und dieser Strom hinaufführt, durch das entspannte Becken bis zu dieser Empfindung im Bauch. Und wenn dieser Strom hier auf die Empfindung trifft, dann kann es sein, dass es sich wie eine elektrische Kopplung anfühlt: als würde etwas verbunden und angeschaltet.

Der Hand beim Malen zuschauen

Lassen Sie nun Ihre Hand malen – einfach malen lassen, während Ihre Aufmerksamkeit bei der Empfindung im Bauch bleibt. Sie können Ihrer Hand beim Malen zuschauen. Wenn Sie zu denken und zu bewerten beginnen, sich fragen, was das werden könnte, was sie malen, oder wenn Sie sich vorstellen, was Bekannte dazu sagen würden, dann gehen Sie sogleich In Ihr Becken und öffnen Sie sich dort, spüren Sie Ihre Füße. Das ist Ihr eigentlicher Job: Sie bleiben in Ihrem Bauch, in Ihrem Becken und in den Füßen, während Ihre Hand für sich allein weiter malt. *Wie soll ich das denn tun?* Keine Angst, Sie müssen nichts leisten. Geben Sie die Verantwortung für diesen Prozess ab, lassen Sie die Last in Ihr Becken fallen, erlauben Sie sich zu scheitern, woran auch immer. Es ist egal, was Sie machen, Sie machen automatisch das Richtige, aber wenn Sie merken, dass Sie denken, dann lassen Sie die Gedanken fallen, indem Sie sie *durch die Weichheit Ihres Beckens schicken.*

Währenddessen malt Ihre Hand – oder malen Ihre Hände, wenn Sie gleichzeitig mit beiden Händen malen –

kontinuierlich weiter. Malen Sie, was Sie in Ihrem Bauch spüren, wenn Sie das möchten. Oder lassen Sie Ihre Hände malen, was sie malen wollen, während Sie sich nicht darum kümmern und in Ihr Becken spüren.

Wenn Sie das eine Weile getan haben, schauen Sie sich einmal Ihr Bild an. Was zieht Sie an, was finden Sie besonders interessant? Lassen Sie genau diese Bereiche in Ruhe, und malen Sie dort weiter, wo das Bild Sie noch nicht interessiert. Vielleicht irgendetwas, was Ihnen gerade einfällt. Am Besten malen Sie absichtlich etwas *Falsches* hinein— etwas, was hier gar nicht hinzupassen scheint.

Konstrukte zerstören

Das mache ich persönlich gerne. Ich male etwas hin, das gar nicht passt, sondern das schöne Konstrukt, das ich mir insgeheim von dem Bild gebaut habe, stört oder sogar zerstört. Das befreit mich gewöhnlich, ich fühle mich dann eingeladen, noch hemmungsloser zu Werke zu gehen, hemmungslos zu scheitern.

Genauso können Sie aber auch Ihre Augen schließen und in Ihr Becken spüren, sich in Ihre Füße entspannen und einfach mit geschlossenen Augen etwas malen – ohne zu wissen, was.

Dies ist eine Tätigkeit, wo wir beständig unser Bewusstsein, unsere bewusste, intellektuelle Kontrolle umgehen und austricksen. Nur so kommt das Fremde, das Größere durch uns durch. Wir gehen immer wieder ins Nichts, in den Bereich jenseits unserer Gedanken und Konzeptionen. Immer wieder werden wir leer, damit *Es* uns füllt. Das ist sozusagen eine fragmentierte Trance: Wir gehen hinein in das Fühlen, malen vielleicht schneller als wir denken können, fallen wieder heraus und schauen und bewerten, was das gerade ist, was wir gemacht haben. Und das lassen wir wieder los. Wichtig ist hier allein, am Ball zu bleiben, das heißt, durch diesen Prozess des Hineingleitens und Wieder-Herausfallens hindurchzugehen. Wenn wir uns diesem Prozess überantworten, wenn wir ihn geschehen lassen, dranbleiben und weitermachen, kommt irgendwann das was durchwill, das Fremde – das, was wir noch nicht wussten.

Die Hände machen die Arbeit, nicht wir

Überlassen Sie das Malen getrost Ihren Händen, die machen das alleine viel besser, als wenn Sie mit Ihrem Verstand dazwischenfunken. Lassen Sie Ihre Hand malen, lassen Sie Ihren Körper es tun, einfach so. Ja, Sie brauchen sich nicht anzustrengen, Sie brauchen sich nichts abzuverlangen. Ihr Körper malt das alles für Sie, Sie können Pause machen.

Wenn Ihr Bild nun einigermaßen gefüllt ist, gibt es vielleicht eine Form oder Figur, die Ihre Aufmerksamkeit *magisch* auf sich zieht. Gestalten Sie doch diese Figur aus, konturieren Sie ihre Form. Vielleicht denken Sie: *Ich weiß nicht, worum es hier geht, aber etwas packt mich!* – dann folgen Sie dieser

Spur. Sie brauchen nicht zu wissen, warum und wofür, denn: Selig sind die, die da geistig arm sind. Genau das wollen wir hierbei sein, geistig arm: keine Konzepte, keine Vorstellungen, kein Abzielen auf ein Resultat. Stattdessen wollen wir in der Gegenwart sein und uns von ihr *füllen* lassen – daraus ergibt sich das Richtige.

Hilfreich ist es dabei, Ihr Bild zu drehen, damit torpedieren Sie Ihr Bewusstsein und sein Kontrollbedürfnis. Ich tue das immer wieder. Ich drehe das Bild einfach um 90 Grad und spüre, welche Form mich jetzt anzieht; wo in meinem Bauch der Impuls spürbar wird: *Ah, das interessiert mich!* Dann konturiere ich diese Form heraus.

Die erste „Runde"

Probieren Sie das einmal aus. Drehen Sie Ihr Bild einmal um 90 Grad. Malen Sie etwas dazu, aber wenn Sie merken, dass Sie überlegen, lenken Sie Ihre Aufmerksamkeit sogleich wieder in ihren Bauch, in ihr Becken und in Ihre Füße. Drehen Sie das Blatt immer wieder in 90 Grad – Schritten, gegen oder im Uhrzeigersinn. Tun Sie das in der Freiheit und der Erlaubnis, dass Sie alles dürfen. Gerade und besonders dürfen Sie scheitern, woran auch immer, genießen Sie das. Genießen Sie diese Freiheit, diese Erlaubnis. Wechseln Sie immer wieder die Perspektive und lassen Sie das Bild neu auf sich wirken. Ich gehe gern einige Meter vom Bild weg und defokussiere, das heißt, ich stelle meine Augen weit, sodass ich das Bild in Schemen sehe. Dabei spüre ich in meinen Bauch hinein, lenke meine Aufmerksamkeit zu diesem vagen Gefühl, und dann können einige Minuten vergehen, bis sich ein *Gesamtgefühl zum Bild* einstellt. Es kann eine Präsenz sein, ein Druck oder ein Ziehen oder etwas anderes, von dem ich nichts weiß und das ich nicht erklären kann. Ich weiß nur, dass es da ist, mehr nicht.

Häufig springt mich währenddessen eine Gestalt an, die ich bis dahin nicht in dem Bild wahrgenommen habe. Häufig fühle ich eine Gewissheit: *Das ist es! Darum geht es!*

Dann, mit defokussierten Augen, setze ich mich an das Bild und gestalte diese geahnte, erspürte Gestalt aus.

Die zweite Runde

Da man die Wachsfarben schlecht übermalen kann, verwende ich in dieser Phase häufig Acrylfarben (Tuschfarben und Deckweiß gehen zur Not auch). Damit kann ich die vorhandenen Formen nutzen, neue Verbindungen erstellen und die geahnte Form herausarbeiten. Ich übermale dabei nie absichtlich eine Form, die entstanden ist, ich lasse alles stehen und arbeite damit, ich füge hinzu und nehme nicht weg. Doch manchmal, aus der Bewegung heraus, geschieht das von selbst, dann ist das auch okay. Sie sehen, ich übernehme konsequent keine Verantwortung für das, was auf dem Bild geschieht.

Keine Verantwortung

Das scheint mir das Wichtigste zu sein: Ich verantworte es nicht, ich streife auch noch den winzigsten Hauch von Verantwortung von mir ab. Ich sage, das Bild malt sich, nicht ich male es. Häufig sage ich laut zu mir, während ich male: Ich habe damit gar nichts zu tun. Auch das befreit mich. Auch das bringt mir Spaß und macht mich lockerer. Denn wenn ich male, will ich frei sein. Dann will ich keine Verantwortung. Wie ein Kind will ich spielen und folge dieser Spur, was mich frei macht und mir Spaß bringt.

Wenn wir alle Verantwortung abgeben, dann kann unser inneres Kind durch uns wirken. Später können wir Verantwortung für das Geschaffene übernehmen, aber nicht in dieser Phase, wo wir aus dem inneren Kind arbeiten.

Wenn nun das Bild vor Ihnen liegt und Sie etwas gestaltet haben, das Sie bewegt, das Ihnen Spaß bringt oder Sie berührt, dann ist es günstig, eine Pause zu machen. Erinnern Sie sich an die Disney-Technik? Verlassen Sie den Raum des inneren Kindes und gehen Sie feiern, haben Sie Spaß, genießen Sie das Gefühl, etwas erschaffen zu haben. Leisten Sie sich Abstand. Später können Sie zum Bild zurückkehren und es einmal mit den Augen Ihres Heutigen Ichs anschauen, aus der Perspektive des Erwachsenen.

Mit dem Bild zum Erwachsenen gehen

Der Erwachsene, das Heutige Ich, schaut freundlich auf das Bild. Kritik gehört nicht hierher, Kritik ist das Markenzeichen einer anderen Instanz in uns, unseres inneren Kritikers, oder, mit einem anderen Namen benannt, unserer verinnerlichten Eltern.

Der Erwachsene schaut also freundlich auf das Bild, liebevoll, und würdigt die unglaubliche Kreativität des inneren Kindes. Wenn wir das, was mir malen oder schreiben oder auf andere Weise kreativ erschaffen, liebevoll betrachten, dann vertiefen und etablieren wir die Beziehung zu unserem inneren Kind.

Wenn wir mit den Augen unseres Heutigen Ichs auf das Bild schauen, können wir es gerne interpretieren: Es könnte dieses oder jenes bedeuten – manchmal machen solche Interpretationen Spaß, aber berühren uns nicht, ein anderes Mal kann eine Interpretation zu einer tiefen Erfahrung werden. So erging es mir mit dem Bild *Borderline* (siehe auf meiner Website unter *Painting*), das ich mit der hier beschriebenen Technik gemalt habe: Damals hatte ich gerade nichts zu tun, also sagte ich mir, na, dann male halt. Widerwillig setzte ich mich vor ein Blatt Papier und malte. Ein Teil von mir dachte die ganze Zeit, *was male ich da bloß, das hat doch nichts mit mir zu tun.* Als das Bild fertig war, betrachtete ich es nach einer Weile aus der Perspektive meines Heutigen Ichs und ließ es auf mich wirken. Ich dachte an meine Freundin, an die Schwierigkeiten, die wir in unserer Beziehung hatten. Das Bild zeigte mir, wie es in mir wirklich aussah, ich litt. In Wahrheit versuchte ein Teil von mir aus der Beziehung auszusteigen, ein anderer dachte, er stirbt, wenn das geschieht. Es war befreiend, das anzuerkennen.

Später fand ich in dem Bild den Krieg dargestellt, den mein innerer Kritiker mit meinem verlassenen inneren Kind führt. Auch diese Interpretation berührte mich. Ein anderes Mal interpretierte ich meine Kindheit in das Bild hinein, die Beziehung meines Vaters zu dem kleinen Jungen, der ich einmal war.

Es kommt immer mehr nach

Die Bilder, die wir mit dieser Technik malen, können wir nicht zu Ende deuten. Wir können diese Bilder nicht abschließen, denn sie bleiben lebendig und können uns immer wieder etwas verraten, was wir noch nicht von uns wussten. Wenn wir unsere Konflikte in dieser Form gestalten und anerkennen, können wir erfahren, wie lebendig unser Innenleben ist. Und wir anerkennen und respektieren die Weisheit unseres inneren Kindes und seiner Schöpfungen.

Mit dem Bild zum inneren Kritiker gehen

Müssen wir uns das antun? Nein.

Sie müssen Ihr gemaltes Bild nicht dem inneren Kritiker vorlegen. Das hängt ganz davon ab, welches Ziel Sie mit dem Bild verfolgen. Soll es Sie in Kontakt mit Ihrem

Erleben und der schöpferischen Kraft bringen? Möchten Sie sich an Ihrem Werk erfreuen, es hin und wieder betrachten, um sich berühren und an die Kraft Ihres inneren Kindes erinnern zu lassen? Dann brauchen Sie den inneren Kritiker nicht aufzusuchen.

Wenn Sie Künstler sind oder Künstler werden wollen und Ihr Bild einem Publikum vorzustellen gedenken, dann empfehle ich Ihnen unbedingt, vorher Ihren inneren Kritiker intensiv zu befragen und seine Impulse konstruktiv umzusetzen – ganz so, wie ich es bereits bei der Walt–Disney–Methode beschrieben habe.

Begegnung mit einem Galeristen

Ansonsten kann es Ihnen so übel ergehen wie mir vor einiger Zeit. Damals begeisterte sich eine Freundin für meine Bilder und meinte, sie müssten ausgestellt werden. Sie wollte meine Bilder unbedingt Galeristen vorlegen, nun, ich war für dieses Angebot empfänglich. Als ich mit ansah, wie sie auf dem Fahrrad davon fuhr und meine Bildermappe hin und herschlackerte, bekam ich schon ein erstes ungutes Gefühl. Das ist zu unprofessionell, dachte ich, das kann nicht gut gehen. Hier meldete sich bereits mein innerer Kritiker, ich hätte diesen Impuls nutzen können, um mich zu schützen, aber ich überging ihn. Ich war identifiziert mit der kindlichen Stimme in mir, die sich nach Anerkennung sehnt – das ist eine ungünstige Perspektive, wenn man die

Werke seines inneren Kindes einer möglichen Kritik aussetzt. Das durfte ich schon bald merken.

Am Abend rief ich voller Erwartung bei ihr an, sie aber schien die Bilder und die Begegnung mit dem Galeristen bereits vergessen zu haben. Ach, du bist's, hörte ich. *Vielleicht sind die Bilder doch nicht so gut*, war ihr zweiter Satz. Ich schluckte. Ein Galerist hatte sich die Bilder angesehen, sei auch zunächst interessiert gewesen, hatte dann aber, als er erfuhr, dass der Künstler nicht Kunst studiert habe, kategorisch abgewunken.

Wie flüchtig war doch die Begeisterung meiner Freundin, wie kalt die Reaktion des Galeristen. Ich merkte, dass ich getroffen war, nein, ich war zutiefst verletzt. Ich hatte mein inneres Kind nicht ausreichend geschützt, nun schrie es auf, seine Bilder schienen nichts wert zu sein. Es kostete mich Wochen, bis ich wieder malen oder schreiben konnte. Ich musste vorher den Gang zum inneren Kritiker nachholen, ein bitterer Weg, wenn eine Verletzung bereits geschehen ist.

Danach konnte ich die Haltung des Galeristen nachempfinden, ohne sie persönlich zu nehmen. Ich konnte sie realistisch, aus der Perspektive des Heutigen Ichs, betrachten: Draußen steht das Fahrrad, vermutlich an die Fensterscheibe gelehnt, eine junge Frau tritt ein, rotwangig und verschwitzt vom Fahrradfahren. Trotz dieses Eindrucks nimmt er sich die

Zeit, die Bilder anzusehen. Er findet sie interessant. Dann bewegt er die Frage in sich, ob hier einer lustig drauf losmalt oder ernst zu nehmen ist. Er denkt an die anderen Künstler, die er ausstellt. An die, die seit Jahren darum kämpfen, sich durchzusetzen. Hat er Kunst studiert, fragt er. Eigentlich will er wissen, hat der Künstler den Weg zu diesen Bildern erlitten? Hat der Künstler seinen Ursprung verloren, etwa durch ein Kunststudium, sich wieder zurückgekämpft und dann seinen eigenen Stil gefunden?

Darüber erfuhr er nichts, und die leichtfertige Präsentation lud ihn nicht dazu ein, viel hinter meinen Bildern zu vermuten.

Ich kann das inzwischen gut nachvollziehen, und ich weiß, diese Reaktion des Galeristen hat nichts damit zu tun, ob die Schöpfungen meines inneren Kindes von Wert sind oder nicht.

Die einzelnen Schritte des Malprozesses

Die oben genannten Schritte können Ihnen eine hilfreiche Stütze sein, Sie können sie aber auch nach Belieben verändern. Wichtig ist allein, dass Sie nicht über das Bild nachdenken, dass sie keine Konzeption entwerfen und sie nur abarbeiten – das wäre unkreativer, resultatsbezogener Frondienst. Dann malen Sie, um fertig zu werden – ein sicheres Zeichen dafür, dass Sie nicht mit Ihrem inneren Kind verbunden sind, sondern mit dem inneren Kritiker.

Bleiben Sie im Körper, im Gefühl, bleiben Sie weich im Becken, ansonsten können Sie mit den Schritten verfahren, wie es Ihnen gerade gefällt – ich empfehle lediglich, den Körper-Kontakt an den Anfang zu stellen. Hier folgt eine Übersicht der Schritte.

Übersicht der Schritte

1. Schritt: Körper – Kontakt

„Äußerer Körper"
Füße – Unterschenkel – Knie – Oberschenkel – Becken – Gesäß / Kontakt mit der Unterlage – Rücken hinauf – Schultern – Arme – Hände / Kontakt der Finger – Nacken – Kopfhaut – Gesicht

„Innerer Körper"
Hals von innen her – Brustraum von innen her – Bauch von innen her

Schalter für die schöpferische Energie anschalten:
Weich im Becken werden – Gesäß entspannen – aus den Füßen hoch durch das weiche Becken hindurch zum Gefühl im Bauch atmen.

2. Schritt
Im Kontakt mit dem Gefühl im Bauch malen, dabei weich im Becken bleiben.

3. Schritt: Die erste Runde

Drehen Sie immer wieder das Bild um 90 Grad, spüren Sie, bleiben Sie weich im Becken und malen Sie.

4. Schritt: Die zweite Runde

Entfernen Sie sich einige Meter von dem Bild und defokussieren Sie Ihre Augen. Lassen Sie sich von dem Bild treffen. Lassen Sie ein „Gesamtgefühl" zu diesem Bild in Ihrem Bauch entstehen, ein Gefühl für das, worum es eigentlich geht.

5. Schritt: Ausgestalten

Gestalten Sie es dann. Sie können jetzt auch Acryl (oder Tuschfarben mit Deckweiß) verwenden.

6. Schritt: Feiern

Feiern Sie das Bild, feiern Sie das Gefühl, etwas erschaffen zu haben.

7. Schritt: Wirken lassen

Schauen Sie sich das Bild mit den Augen des liebevollen Erwachsenen an: Was sagt Ihnen das Bild, was bewegt es in Ihnen?

*Für Künstler – oder wenn Sie das Bild
einer Öffentlichkeit präsentieren wollen:*

8. Schritt: Den inneren Kritiker aufsuchen

Suchen Sie – nach einer angemessenen Pause – Ihren inneren Kritiker auf. Davor sagen Sie bitte zu Ihrem inneren Kind: *Das hat jetzt nichts mit Dir zu tun!* Schützen Sie Ihr inneres Kind.

Lassen Sie Ihren inneren Kritiker darlegen, warum das Bild schlecht ist: Warum ist es langweilig, warum schlecht gemalt?

9. Schritt: zum realistischen Heutigen Ich gehen

Gehen Sie mit den Einwänden Ihres inneren Kritikers zu Ihrem erwachsenen Heutigen Ich. Was ist realistisch an diesen Einwänden? Was ist ernst zunehmen? Was sollte verändert werden? Was sollte bei dem nächsten Bild unter Umständen berücksichtigt werden?

10. Das innere Kind mit den Vorgaben spielen lassen

Gehen Sie dann, nach angemessener Pause, mit den Vorgaben in den kreativen Raum Ihres inneren Kindes und lassen Sie es damit spielen.

Wenn Sie möchten, können Sie danach erneut die Instanzen durchlaufen.

Zu einem Thema malen

Der letzte Schritt der Übersicht weist darauf hin, dass wir auch mit einem Thema arbeiten können. Die Technik verändert sich dadurch nur leicht:

Wenn Sie den Körperkontakt durchgeführt haben und im Bauch angekommen sind, sprechen Sie eine Einladung nach innen zu Ihrem Bauch: *Ich möchte dich einladen, mich jetzt spüren zu lassen, wie es dir mit … [Thema] geht.*

Dann geben Sie bitte Ihrem Körper bzw. Ihrem inneren Kind einige Minuten Zeit, Sie etwas spüren zu lassen – bis sich dieses vage Gefühl von *Da ist etwas* einstellt. Damit arbeiten Sie dann. Sie brauchen nicht nachzufeuern, indem Sie immer wieder an das Thema denken. Sobald Sie ein Gefühl wahrnehmen, arbeiten Sie mit diesem Gefühl wie mit einem kleinen Kind, das Sie draußen auf einer Wiese treffen. Sie brauchen nicht mehr nachzudenken.

Dann folgen die üblichen Schritte. Zusammengefasst sieht das so aus:

Aus der kreativen Kraft zu einem Thema malen

Übersicht der Schritte:

1. Schritt: Körper – Kontakt, bis in den Bauch.

2. Schritt: Thema einladen, sich im Körper spüren zu lassen.

3. Schritt: Während dieses Gefühl im Bauch da ist, das Becken weich werden lassen, aus den Füßen den Strom aus dem Boden aufsaugen und – durch das Becken hindurch – bis zur Empfindung im Bauch führen.

4. Schritt: Aus dieser Empfindung heraus malen.

5. Schritt: Erste Runde, das Bild immer wieder um 90 Grad drehen.

6. Schritt: Zweite Runde, aus dem Abstand von einigen Metern das Bild defokussiert betrachten, vielleicht eine Ahnung von der Gestalt erhalten, worum es eigentlich in dem Bild geht.

7. Schritt: Gestalten Sie diese Ahnung aus, verwenden Sie jetzt vielleicht Acryl oder Tusche mit Deckweiß.

8. Schritt: Feiern Sie das Gefühl, etwas erschaffen zu haben.

9. Schritt: Schauen Sie sich das Bild aus dem liebevollen Erwachsenen an, würdigen Sie die Kreativität, spüren Sie nach, was Ihnen das Bild sagt oder was es mit Ihnen in Bezug auf das Thema macht.

Wenn Sie als Künstler arbeiten oder es einer Öffentlichkeit präsentieren wollen

10. Schritt: Wenn Sie Ihr inneres Kind geschützt haben, gehen Sie zu Ihrem inneren Kritiker, indem Sie das Bild nun kritisch betrachten. Warum ist dieses Bild nicht gelungen? Warum ist es nicht gut gemalt? Warum verfehlt dieses Bild das Thema?

11. Schritt: Gehen Sie dann mit diesen Einwänden zu Ihrem Heutigen Ich, und überprüfen Sie. Wie ist das Bild, die Bearbeitung des Themas noch zu verbessern?

12. Schritt: Mit diesen Vorgaben können Sie nach angemessener Zeit wieder in den geschützten Raum des inneren Kindes gehen und es damit spielen lassen.

Danach können Sie erneut die Positionen des Heutigen Ichs und des inneren Kritikers durchlaufen.

Die Hand vom Ruder lassen

Ich möchte zum Schluss dieses Kapitels über das Malen noch einmal zwei Dinge hervorheben, die Sie unbedingt beachten sollten:

1. Vergessen Sie nicht: Niemals sollte das innere Kind aufgesucht werden, wenn der innere Kritiker aktiv ist. Trennen Sie diese Positionen bitte ganz klar!

2. Bei der Technik, die ich Ihnen hier vorstelle, kreist alles darum, dass Sie die Hand vom Ruder lassen und nicht mit Ihrem Verstand dazwischenfunken. Wir können auch sagen, es kreist darum, dass Sie leer werden, damit das innere Kind übernimmt. Sie brauchen nichts zu machen, sie können *Es* machen lassen.

Im nächsten Kapitel über das Schreiben werden wir, wenn Sie möchten, diesen Prozess des Durchlassens vertiefen und konsequent ins Nichts schreiben. Da Sie selbst nichts machen müssen – außer durchlässig zu werden, sodass Ihr inneres Kind durch Sie durchschreibt – können Sie die Sache mit dem Schreiben ganz entspannt angehen. Wenn Sie meinen, Sie können nicht schreiben, das liegt Ihnen nicht – wunderbar! Mal sehen, ob Sie diesen Glaubenssatz aufrecht erhalten können. Ich hoffe natürlich, nicht. Und ich hoffe auch, dass Sie bereits jetzt schon Erfahrungen machen konnten, die es Ihnen schwermachen, Ihre eigene Kreativität, Ihre schöpferische Kraft anzuzweifeln. Egal ob Sie malen, ob

Sie schreiben, ob Sie Ideen und Projekte entwickeln, Ihre kreative Kraft kann jeden Bereich durchfluten. Das Malen und das Schreiben dienen uns hier als Vehikel, die uns zu unserer schöpferischen Kraft führen. Die schöpferische Kraft des inneren Kindes ist nicht auf einzelne Medien zu begrenzen, aber je mehr Sie dieses Durchlässigwerden anhand des Malens und Schreibens üben, desto besser kann sie sich in Ihr ganzes Leben generalisieren. Warum sollten Sie diese schöpferische Energie nicht überall spüren? Warum sollten Sie nicht in Ihrem ganzen Leben, in jedem Bereich, Spaß haben und Ihre Lebendigkeit spüren?

Das Schreiben kann auf diesem Weg eine große Hilfe sein.

9. Kapitel
Der Ort, wo man nicht stirbt

„Wenn man es versteht,
immer verwundbar zu bleiben …
Je verletzter man ist, desto offener wird man;
darauf kommt es an."

Henry Miller in „Meine Jugend hat spät begonnen"

Wenn ich schreibe, werde ich manchmal ganz in die Welt meiner Geschichte hineingezogen. Der Alltag mit seinen Sorgen, mein Ich mit seinen Problemen, all das spielte keine Rolle mehr. Es ist ein magischer Moment, eine Verzauberung. Wenn ich schreibe, möchte ich die Kontrolle abgeben, ich möchte mich selbst vergessen und leicht werden. Ich möchte getragen werden von dem großen Strom.

Das Abenteuer der Gegenwart

Diese Erfahrungen erinnern mich an die Zeit, als ich Kind war und die Fähigkeit hatte, die Welt magisch zu erleben. Jeden Moment konnte etwas Spannendes passieren, es gab keine Vergangenheit, keine Zukunft, es gab nur das Abenteuer der Gegenwart. Ich werde Ihnen verschiedene Techniken vorstellen, die Sie einladen, in das magische Erleben Ihres inneren Kindes einzutauchen.

Dieses magische Erleben des Kindes habe ich heute als Erwachsener größtenteils verloren. Ich wache auf und denke an die tausend Dinge, die mich belasten oder erledigt werden wollen. Meistens bin ich in der Vergangenheit oder in der Zukunft, selten im Jetzt. Meistens drückt irgendetwas, meistens habe ich im Verborgenen die Angst, ich schaffe das alles nicht – wenn ich mich nicht genug anstrenge, läuft alles schief. Also, ich bin der ganz normale Neurotiker, den die Anpassung an unsere zivilisierte Gesellschaft fordert. In Phasen, wo ich viele Kurse gebe, viel Büroarbeit zu machen habe, und nicht die Zeit, vor allem aber nicht die innere Einstellung zum Malen oder Schreiben finde, werde ich nach einer Weile panisch. Ich beginne, mich mit Ausbruchsfantasien zu retten: Ich will alles hinschmeißen! Ich will wie Henry Miller mit Anfang 40 nach Paris gehen und mich dem Leben mit all seinen Gefahren hinwerfen. Heute agiere ich diese Impulse meistens nicht mehr aus. Ich werfe nicht an einem einzigen Tag mein gewohntes Leben weg und fange ein neues an, wie ich es früher getan habe. Diese radikalen Aktionen, so habe ich es erfahren müssen, retten mich nicht, denn ich habe auch ein kleines Kind in mir, das sich nach Sicherheit sehnt, nach Ordnung und Frieden. Dieses kleine Kind in mir zu übergehen, beschwört Katastrophen herauf.

Was ich tue, wenn ich depressiv bin

Wenn mein Leben heute seine Farben zu verlieren beginnt und völlig grau zu werden droht, wenn mich die

Depression ergreift, dann stoppe ich, dann halte ich an. Ich richte es mir ein, ein paar Tage nichts zu tun, gar nichts. Nichts von dem tun, was den Anschein hat, getan werden zu müssen – Briefe oder Emails beantworten, Sport machen und so weiter. Und dann setze ich mich hin und mache mich leer, ich gebe auf und lasse die da drinnen machen, die Kinder in mir, die sollen sich austoben. Und wenn dann ein Bild herauskommt, das mich in der Tiefe berührt, oder eine Geschichte in der Art, wie ich sie für dieses Buch ausgewählt habe – dann kommt die Welt wieder in Ordnung für mich. Es wird wieder bunt, ich spüre, dass ich lebe, dass ich fühle und dass mein Sein Sinn hat – das macht mich glücklich und das gibt mir Kraft. Und der Alltag mit seinen tausend Sorgen wird wieder interessant, besonders, wenn ich weiß: *Ja, jederzeit kannst du an diesen Ort zurückkehren – an diesen Ort, wo du nicht stirbst, wo du wieder das Kind bist, das in eine magische Welt voller Spannung eintaucht.*

Ich glaube, wir brauchen unsere Welt nicht zu verändern, jedenfalls nicht revolutionär. Wir brauchen keine Revolution, keine spektakuläre Tat, um glücklicher zu werden. Wir brauchen den Zugang zu dem Kind in uns, zu seiner schöpferischen Kraft, dann verändert sich unser Sein. Unser Blick auf die Welt, unsere Gefühle werden gütiger und toleranter.

Wenn wir uns nun mit dem Schreiben beschäftigen, geht es nicht darum, eine Geschichte zu schreiben, die gut ist, wir wollen das gar nicht erst versuchen. Uns soll es im Folgenden um die Erfahrung der schöpferischen Energie gehen – wie sie uns packt und durch uns wirkt. Das fertige Resultat ist wie beim Malen eine Nebensache. Die Geschichte oder besser, der Text, denn es muss ja gar keine Geschichte sein, fällt nebenbei ab. Wir wollen erfahren, was in uns ist, vor allem aber wollen wir uns der Kraft hingeben, die in uns ist. Die Art, *wie* wir schreiben, ist hierbei entscheidend – *wie wir da sind, während wir schreiben.* Wie wir es erfahren, ein Vehikel für die schöpferische Kraft zu sein, das soll unser Ziel sein – nicht das Resultat, das wir anderen zeigen oder vorlesen können. So schreiben wir im ersten Schritt nicht um der Anerkennung willen, sondern um etwas Verborgenes zu befreien. Wenn das geschehen ist, können wir später, in einem zweiten Schritt, mit dem Geschriebenen arbeiten, dann, um zum Beispiel Anerkennung zu erlangen.

Die Sehnsucht nach Anerkennung

Anerkennung ist sehr wichtig, finde ich. Mein inneres Kind freut sich, wenn seine Schöpfungen Anerkennung finden. Wenn Sie ein Problem mit dem Streben nach Anerkennung haben, so schauen Sie sich einmal kleine Kinder im Alter von vier, fünf, sechs Jahren an. Sie können beobachten, wie sehr sie sich nach Anerkennung sehnen, welche Freude es ihnen macht, Anerkennung und Würdigung zu erhalten. Wie stolz sie sind, etwas hervorzubringen, das anderen gefällt. Nun, solche Kinder haben wir in uns. Aber die Anerkennung zu erarbeiten und dafür zu sorgen, dass wir sie bekommen, hat nichts mit unserem inneren Kind zu tun, es ist die Sache unseres Erwachsenen. Nach dem ersten Schritt, dem Schreiben aus dem inneren Kind, gehen wir in einem zweiten Schritt zu unserem Heutigen Ich und schützen die Schöpfung unseres inneren Kindes. Mit unserem Heutigen Ich, mit unserem Verstand und all dem, was wir wissen, kürzen wir den Text unseres inneren Kindes und legen die Feile an. Das sind zwei ganz unterschiedliche Schritte, sie sollen klar voneinander getrennt sein. Am Besten liegen einige Tage oder Wochen zwischen diesen Schritten.

Wenn wir den ersten Schritt tun, dürfen wir uns alles erlauben. Wirklich alles. Wörter, die es nicht gibt, Wörter, die nicht passen, Wiederholungen, Fehler, das alles dürfen wir getrost tun. Wir dürfen auch Fehler absichtlich machen, das macht Spaß. Noch mehr Spaß macht es, die absichtlichen Fehler zu übertreiben: den Satzbau zu verhunzen, Wörter falsch zu schreiben, Fantasiewörter zu erschaffen, vor allem Rechtschreibung und Grammatik zu verhöhnen. Das alles befreit uns. Immer raus damit!

Absolute Erlaubnis befreit

Es ist so befreiend, *alles* tun zu dürfen. Ich möchte Ihnen an dieser Stelle von meiner ersten Erfahrung mit dem Schreiben berichten, die ich in der Schule gemacht habe. Es ist eine schreckliche Erfahrung gewesen, die aber gut ausging, sogar sehr gut. Ich glaube, sie passt hierher.

Der kleine Mike ist in der zweiten Klasse der Grundschule, ihm geht es, was die Schule anbetrifft, recht gut. Er ist sehr beliebt, das Lernen fällt ihm leicht, und er ist es gewohnt, bei neuen Aufgaben der Beste zu sein. Das macht ihn jetzt nicht so sympathisch, ich weiß, aber verstehen Sie mich nicht falsch, der kleine Mike ist zu dieser Zeit noch kein Streber, er interessiert sich für vieles und spielt damit. In Wahrheit, sein Zuhause trägt nicht, hat er auch gar nichts anderes als die Schule, sie rettet ihn. Nun, jedenfalls kommt die Lehrerin eines Tages in die Klasse und verkündet zur Freude des kleinen Mike, dass der erste Aufsatz geschrieben werden soll. Die Lehrerin heißt Frau Schleif – ich nenne sie beim Namen, da sie eine gute Lehrerin war und ich ihr, wie wir sehen werden, viel verdanke. Frau Schleif schreibt eine Liste von Wörtern an die Tafel:

Hans – Hund – fahren –
Fahrrad – Krankenwagen rufen –
schreien – gegen den Zaun –
Haus – bellen – Mutter

Nun gibt sie die folgenschwere Anweisung: *Schreibt eine Geschichte mit diesen Wörtern.*

Aha, denkt der kleine Mike, bemerkt aber sogleich, dass dies eine schwere Aufgabe wird. Er schwitzt, er bekommt einen roten Kopf, insbesondere deshalb, weil er nicht versteht, wie seine Mitschüler bereits die kleinen Din A5 Seiten voll schreiben. Der kleine Mike vermag nicht einen einzigen

Satz zu schreiben, denn die Wörter passen nicht zueinander. Immer wieder streicht er seine Versuche, dann sagt Frau Schleif: *Noch zehn Minuten!*

Der kleine Mike hat noch nichts, Panik steigt in ihm auf, Verzweiflung, und mit tiefstem Widerwillen entscheidet er sich zu einer verzweifelten Tat, er schreibt:

Hund bellen, Hans Fahrrad fahren gegen den Zaun,
Hans schreien. Haus! Hans Mutter! Hans Mutter schreien.
Hans Mutter rufen Krankenwagen. Hund bellen.

Das war's. Das war der erste Aufsatz vom kleinen Mike, und der glaubt, er hat noch nie so etwas Schlimmes erlebt, wie diesen Aufsatz zu schreiben. Er sieht, wie seine Mitschüler mehrere Seiten abgeben, das versteht er nicht, und er versteht nicht, wieso sie nicht leiden, sondern lachen und es ihnen gut geht.

Am nächsten Tag kommt Frau Schleif mit den korrigierten Aufsätzen in die Klasse, sie scheint in ausgezeichneter Stimmung zu sein. Die Aufsätze seien alle gut, sagt sie, einen müsse sie allerdings besonders hervorheben. Sie wolle diesen Aufsatz der Klasse nicht vorenthalten, es sei der von Mike.

Bewundernde Blicke treffen den kleinen Mike, er denkt: *Kann es denn wahr sein, dass ich mich so geirrt habe? Ist mein Aufsatz doch so gut gewesen!* Ein Lächeln bescheint schon sein Gesicht, da beginnt Frau Schleif seinen Aufsatz vorzulesen. Allerdings, schon der erste Satz bereitet ihr Schwierigkeiten.

Sie bekommt einen Lachanfall. Hat man je Frau Schleif so lachen, so außer Kontrolle geraten sehen? Nein. Die Mitschüler sind erstaunt, wissen nicht, wie sie darauf reagieren sollen, einige wagen ein erstes Mitlachen. Inzwischen bemüht sich Frau Schleif weiter zu lesen, und es ist wohl gerade diese vergebliche Bemühung, gegen das Lachen anzulesen, die die Explosion bewirkt. Nun gibt es kein Halten mehr. Manche Kinder schmeißen sich vor Lachen auf den Boden, winden sich wie Schlangen, halten sich den Bauch und wimmern: *Aufhören, wir können nicht mehr!*

Der kleine Mike sitzt stocksteif auf seinem Platz, mit hochrotem Kopf und eisenharter Miene. Er stellt sich vor, wie er nach der Stunde ausreißen wird. Nie wieder wird er die Schule betreten, nie wieder wird er eines dieser Kinder oder Frau Schleif wiedersehen. Ihnen allen wird es noch leidtun. Es kommt jedoch anders.

Nach der Stunde erklärt der kleine Mike der Frau Schleif, er hätte die Aufgabe so verstanden, als *dürfe* er keine anderen Wörter als die auf der Tafel verwenden, und auch nur in der Form, wie sie an die Tafel geschrieben worden seien. Habe sie denn nicht gesagt, nur diese Wörter an der Tafel?

Ach so, sagt Frau Schleif, jetzt versteht sie. Sie sagt, er darf den Aufsatz noch einmal schreiben – und dieses Mal darf er alle Wörter verwenden, ja, auch andere Wörter, alle, die er kennt, darf er benutzen.

Das tut der kleine Mike.

Was aber ist das für eine Befreiung! Was ist es für ein Glück, endlich ohne Vorgaben, ohne Verbot und Qual schreiben zu dürfen! Was fällt ihm alles ein. Eine riesige Geschichte entsteht, ein Epos, und ihm macht es unglaublichen Spaß. Fortan ist es für den kleinen Mike das Größte, wenn er einen Aufsatz schreiben darf.

Und ich erinnere mich, wie Frau Schleif mir die Erlaubnis gab, solange an meinen Aufsätzen zu schreiben, wie ich wollte. Häufig ging der Unterricht weiter, Sachkunde oder Biologie, während ich hinten allein an einem Tisch saß und schrieb. Jedes dieser Werke wurde von Frau Schleif der Klasse vorgelesen, das wurde selbstverständlich. Am Schluss klatsche die ganze Klasse und Frau Schleif sagte, wie großartig das sei, was ich schreibe. Das ist kein Märchen, ich glaube, es war wirklich so, ich beschönige das nicht. Ich glaube, es ist die schönste Erfahrung gewesen, die ich in der Schule gemacht habe, aber ich weiß auch, dass es damals schlimme Jahre für den kleinen Mike waren. Jahre, wo sich seine Eltern ständig stritten und sein Bruder ihn jeden Tag verprügelte. Ich erinnere mich nicht mehr an die Geschichten, aber ich würde etwas darum geben, heute eine davon zu lesen. Ich würde gerne wissen, welche Geschichten der kleine Mike damals geschrieben hat. Wie er seine Konflikte schöpferisch verarbeitet hat – und das ist das Thema dieses Buches.

Unsere Kindheit liegt nicht hinter uns,
sondern in uns

Das kleine Kind, das wir damals gewesen sind, und alles, was es erlebt und durchlitten hat, ist in uns drinnen, es lebt in uns. Unsere Kindheit ist nicht vorbei, sie liegt in uns und begleitet uns. Unsere Kindheit prägt uns, sie ist an jedem Schritt, den wir tun, beteiligt. Es ist ihr egal, ob wir das wissen und anerkennen oder nicht. Wenn wir unsere Kindheit leugnen und sagen, das ist vorbei und vergessen, dann wirkt sie umso mächtiger im Hintergrund, dann beherrschen uns die Verletzungen unserer Kindheit, ohne dass wir es erkennen. Dann haben wir vielleicht unser Leben lang Probleme mit Autoritätspersonen, und erkennen nicht, dass wir immer noch gegen unseren autoritären, ungerechten Vater kämpfen und nicht wahrhaben wollen, wie verletzt das kleine Kind tief in uns drinnen ist.

Wenn wir uns in unserem Körper mit unserem inneren Kind verbinden, dann kann das kindliche Erleben von damals in ungeahnter Intensität durchkommen. Es kann uns etwas bewusst werden, was noch nie unseren inneren Zensor passiert hat. Wir können mit einer Traurigkeit, einer Wut und einem Schmerz in Kontakt kommen, die wir so noch nicht kannten, gleichzeitig wissen wir, dass es wahr ist, was wir erleben. Es ist etwas Echtes, etwas Pures – etwas Unverfälschtes. Etwas, das uns mit unserer Verletzbarkeit verbindet – und mit unserem Schmerz. Einem Schmerz, den wir erlitten haben und nie mehr fühlen wollten.

Die Katze kommt nicht an die Milch

Es muss nicht autobiografisch sein, was wir schreiben. Häufig ist es das gerade nicht. Wir kommen in eine Geschichte hinein, die nichts mit uns zu tun haben scheint, eine Geschichte über eine Katze vielleicht, die vergeblich versucht, an die Milch zu gelangen. Die Katze versucht alles, aber es gelingt ihr nicht, sie verzweifelt. Während wir das schreiben, weinen wir plötzlich. Die Verzweiflung und die Traurigkeit dieser Katze treffen uns ungefiltert – wir können uns treffen lassen, weil wir über diese Katze schreiben und nicht über uns. Wir lieben diese Katze, sie kommt uns ganz nah. Und wir fühlen, dass wir uns selbst ganz nah kommen.

Ich möchte Ihnen auf den nächsten Seiten einige Geschichten erzählen, die ich zusammen mit meinem inneren Kind geschrieben habe. Ich habe Geschichten ausgewählt, die mich in mein Herz treffen, ich hoffe, dass diese Geschichten auch Sie berühren und Ihr inneres Kind ansprechen. Und dass Sie Lust bekommen, selbst zu schreiben.

10. Kapitel
Verlassene lieben

Fünf Geschichten

Der weinende Klaus

Meine Frau Bäuerin ist mitten unter ihnen, ich sehe sie mit der Sichel das hohe Gras umschlagen, keine hundert Meter entfernt. Meine Hände haben sich in die Maschen des Zauns gekrallt, ich spüre, wie sich der Draht in meine Finger schneidet.

Man hat mich nicht gesehen. Ich gleite zurück in den Wald, hier fühle ich mich sicherer. Die haben doch anderes vor, als nach uns zu suchen, denke ich. Trotzdem spüre ich die Gefahr. Wenn ich mich bemerkbar mache, durch einen Schrei oder, indem ich jetzt, wo die Kolonne und die Aufseher näher kommen, an dem Zaun hochklettere, dann würden sie mich reinholen, und ich würde nie wieder rauskommen. Es heißt, jeden Tag stirbt dort drinnen einer, so lange, bis keiner mehr da ist.

Ich kehre zurück in die Höhle, dort warten die anderen. Sie haben sich in einen Kreis gekauert, Licht haben wir durch die kleine Öffnung oben, die von außen nicht erkennbar ist.

Wir haben viele Zweige darüber gelegt, sodass wir hier unten unentdeckt atmen können.

Ich sage, es sieht schlecht aus. Bald sind sie am Zaun, die Gefahr ist ganz nah, so nah wie noch nie, wir müssen ganz still sein. Aber die Gefahr ist nicht nur, dass wir uns durch Laute verraten, sondern vor allem durch unseren Geruch. Die Aufseher haben Hunde, und ich befürchte, sie lassen sie am Zaun entlanglaufen und riechen. Darin sehe ich die größte Gefahr, dass diese am Zaun entlang hechelnden Hunde etwas von uns erriechen und sich so in Rage bellen, dass die Aufseher mit ihnen rauskommen.

Wenn die mit den Hunden kommen, finden sie uns, sagt Klaus.

Es herrscht Stille unter uns, Klaus hat gesprochen, und seine Stimme hat das größte Gewicht. Das stimmt nicht ganz. Klaus ist zwar der Chef, in Wahrheit hat aber meine Stimme ein noch größeres Gewicht, ich weiß nicht, warum, denn ich bin der Kleinste und Jüngste und Schwächste unserer Bande. Aber Klaus entscheidet immer nach meiner Stimme. Wenn er abstimmen lässt und alle ihre Arme einmal gehoben haben, fragt Klaus, und nun, wofür stimmt unser Jüngster? Dann hebe ich meinen Arm und befehle der ganzen Gruppe, was zu tun ist. Es rückt wieder näher, ich kann es fühlen, Klaus lässt die Gruppe abstimmen. Flucht oder Bleiben? Vier stimmen für Flucht, vier dagegen, und jetzt richten sich die Augen auf mich. Klaus sieht mich sanft an. Ich glaube, er ist erleichtert, dass es mich gibt.

Ich sage, wir bleiben und halten es aus. Einige stöhnen, es sieht so aus, als wollten sie widersprechen, aber sie wagen es nicht. Klaus sagt, dass unser Schicksal entschieden ist. Er sieht in mir etwas Besonderes, habe ich von den anderen gehört, er glaubt, dass durch mich eine höhere Macht spricht. Diesmal geht es um unser Leben, und doch ist es für mich nicht anders als sonst. Die Angst leitet nie meine Entscheidungen. Ich sage etwas, und dann wird es die richtige Entscheidung sein. Alle glauben daran. Wir bleiben jetzt hier drinnen und halten es aus.

Klaus befiehlt, dass wir ab sofort nicht mehr sprechen und keine Geräusche machen. Absolute Lautlosigkeit, fasst er zusammen. Und dann befiehlt er uns, nach nichts mehr zu riechen. Ich glaube, manche überlegen, wie sie das machen sollen, nach nichts zu riechen, aber wir dürfen ja nicht mehr sprechen. Wir müssen es einfach tun, so wie es Klaus befohlen hat, und wir haben ein eisernes Gesetz in der Gruppe, was Klaus Befehle anbetrifft. Klaus Befehle müssen befolgt werden, sonst wird man aus der Gruppe ausgeschlossen. Das will niemand riskieren, schon gar nicht jetzt, die Gruppe ist alles, was wir noch haben.

Wir sitzen da und horchen, ich spüre, wie sich jeder anstrengt, nach nichts zu riechen. Irgendwie findet jeder einen Weg, es ist immer so. Ich rieche nach nichts, indem ich die Luft um mich herum nach innen in meinen Körper ziehe, das ist erst anstrengend, dann wird es immer leichter.

Die Sicheln nähern sich, ich höre sie zischen, jetzt ein Schrei, ganz deutlich, ganz laut, er dringt durch das Luftloch in unsere Höhle hinein. *Stopp!* wird geschrien, *Schluss, alles zurück, alles zurück!* Klingt ganz gut, finde ich, dann eine andere Stimme: *Halt! Die Hunde noch!*

Einer von uns atmet laut aus, ich fühle, es ist Klaus. Klaus, *nicht!*, denke ich, ich habe Angst, dass er die Hoffnung verliert. Ich versuche, den Geruch von Klaus in mich hineinzuziehen und abzufangen, bevor er aus dem Luftloch steigen kann. Mehr kann ich nicht tun.

Ein Hund bellt. Ein unwilliges Bellen, ein unschlüssiges, unzufriedenes. Die Hunde sind sich nicht sicher, glaube ich. Das macht sie wütend. Da könnte etwas sein, oder auch nicht. *Nimm dir einen und geh das Gelände ab!* Es ist wieder die Stimme, die uns nicht wohlgesonnen ist, die Stimme, die davon getrieben ist, uns zu finden, ohne zu wissen, dass wir da sind.

Okay, flüstert Klaus. Der braucht fünf Minuten, bis er bei uns ist. Noch können wir weg. Nein, keine Abstimmung, haucht er, sag es gleich. Er sieht mich an. Alle sehen mich an. Sie haben Angst, auch Klaus, seine Augen sind aufgerissen, andere haben Tränen im verschmierten Gesicht, Angsttränen, ich sage, wir fliehen. Ich sage, ich sehe, wie der Hund seine Schnauze durch das Loch bohrt, wie er bellt und wie das Geschrei der Männer anhebt. Ich sage, ich kann hören, wie der Mann immer wieder brüllt, *hier ist was! Hier ist was!* Ich sage, wir müssen fliehen, sofort, oder wir sind verloren.

Gut, haucht Klaus, ich kann es jetzt auch sehen. Los Leute, alle raus.

Halt, sage ich, *nicht!*

Es ist eine Spannung in meinem Bauch, ich spüre sie ganz tief in mir drinnen. Etwas ist da noch, etwas passiert da noch. Dann hören wir einen Schuss. Es ist ein einsamer Schuss, und ich spüre, dass er Gewicht hat, dass unser Leben an ihm dranhängt.

Es ist die Frau Bäuerin, flüstert es aus mir, sie hat etwas getan, was die Männer abgelenkt hat. Sie hat sich geopfert. Wir schweigen, wir warten, und dann kommt der Pfiff. Das schrille Pfeifen, alle müssen rein. Die machen zu, Klaus Stimme überschlägt sich, die machen wirklich zu, wir sind gerettet, ruft Klaus, und er nimmt mich in seine Arme, er hält mich fest und drückt mich, er sagt, dass er mich liebt. Die anderen streichen mir über den Kopf, manche versuchen ganz leise überglücklich zu lachen, ich aber nicht. Meine Frau Bäuerin, flüstere ich. Die Tränen beißen wie Säure, sie fressen sich durch meine Augen, meine Frau Bäuerin liegt da jetzt. Klaus hält mich fest, er lässt mich gar nicht mehr los. Ja, sagt er, die Frau Bäuerin, sie hat uns alle gerettet, und du auch.

Es tut so weh, sage ich. Klaus setzt mich auf den Boden und hebt mein Kinn, er sieht mir in die Augen, Klaus, es schmerzt so, es schmerzt so fürchterlich, ich sehe sie da liegen, ganz allein. Da weint auch der Klaus.

Fred

Ich erinnere mich häufig an Fred. Fred, der mir an einem Tag zweimal ein Eis schenkte. Ich wusste damals gar nicht, warum, und ich dachte nicht darüber nach. Ich nahm nur das Eis.

In den Ferien hatten wir uns einmal getroffen, weil meine Freunde alle verreist waren. Als die Schule wieder anfing, fragte er mich jeden Tag, wann wir uns wieder verabreden würden. Ich erfand schlechte Ausreden, oder ich sagte kurzfristig ab. Ich wollte, dass er mich in Ruhe lässt. Es war mir peinlich, dass er mich in den Pausen ansprach. Ich gehörte zu denen, die bewundert wurden und die sich für etwas Besonderes hielten. Fred nicht. Niemand mochte ihn, er war ein Außenseiter.

Dann, erinnere ich mich, gingen Freds Zensuren nach unten, und er hörte auf, mich anzusprechen. Nur einmal noch, das war die Sache mit dem Eis. Am nächsten Tag kam er nicht mehr in die Schule.

Ich erinnere mich, dass ich erleichtert war. Ein Glück, dachte ich, dass der heute nicht da ist. Auch die nächsten Tage kam er nicht, und ich fand das gut. Ihn nicht mehr sehen, das wär's, dachte ich. Nach anderthalb Wochen sagte uns die Lehrerin, dass Fred nie mehr wiederkommen würde. Dann machte sie eine Pause. Sie sah in unsere Augen und schien etwas darin zu suchen. Auch mich traf ihr Blick, und ich senkte die Augen. Will denn keiner wissen, warum? fragte sie. Einige sagten doch, ich sagte nichts. Er hat sich erhängt, sagte die Lehrerin und ging. Im Hinausgehen sagte sie, der Unterricht würde heute ausfallen. Wir könnten nach Hause gehen oder uns Gedanken machen, ganz wie wir es für richtig hielten. Als sie draußen war, rührte sich keiner von seinem Platz. Ich wollte das aushalten, mir nichts anmerken lassen, aber dann kam es plötzlich durch. Es brannte sich wie Feuer durch meine Kehle und in meine Augen, ich schnappte nach Luft, immer wieder, ganz laut, dann weinte ich. Ich wimmerte, es tut mir leid, Fred, es tut mir leid. Es klang so einsam im Klassenraum. Die anderen waren für eine Weile ganz still, dann breitete es sich aus. Es war wie eine Kette, einen nach den anderen traf es, und wer getroffen wurde, der konnte nicht mehr zurück. Als die Klingel läutete, standen wir auf und gingen nach Hause.

Danach hatte sich etwas verändert. Nie hatten wir uns abgesprochen oder so, aber wir passten danach aufeinander auf. Auch nach dem Abi, während des Studiums und auch danach, bis heute. Manchmal ruft einer von ihnen bei mir an und sagt, er hätte das Gefühl, dass es vielleicht gut ist, wenn wir miteinander sprechen. Und einmal war es sehr gut. Meine

Freundin hatte mich verlassen, und ich habe erzählt, wie es mir ging, es war damals eine schlimme Zeit für mich. Und ich weiß, dass Connie – sie war es, die mich damals anrief – einfach zugehört hat. Und dann sagte sie nur: Ich bin da, du bist nicht allein, wir sind alle nicht allein, und da habe ich geweint, und dann war es besser. Dann habe ich mir doch nichts angetan.

Ich habe Hans angerufen, an einem Nachmittag, das war etwa vor drei Jahren. Ich erinnere mich noch sehr genau daran, Hans, sagte ich, wie geht es dir, sag, ist etwas los? Und Hans hat gesagt, da sei jemand gestorben, aber er könne nicht darüber sprechen. Ich habe das gehört, und gedacht, oh Gott, sein Kind, es ist sein Kind. Und dann hat mich der Schmerz getroffen, und ich hab für Hans geweint und der hat die ganze Zeit in der Leitung gehangen und gehört. Danach haben wir eine Weile nichts gesagt, einfach die Stille zwischen uns, aber wir beide wussten, wir sind in Verbindung. Irgendwann sagte Hans, Danke. Und ich sagte, Hans, ich bin da. Dann hatten wir aufgelegt. Ich habe ihn vor einem Jahr bei unserem Treffen wieder gesehen, wir treffen uns jedes Jahr einmal. Er war dünner geworden, sehr viel dünner, aber er konnte wieder lachen. Er ist zu mir gekommen und hat mich umarmt und gar nicht mehr losgelassen.

Wir reden nicht viel, wenn wir alle zusammen sind. Wir sind einfach da, essen zusammen und schauen uns an. Ein Platz bleibt immer leer.

Komm zu mir!

Es ist die Isawa, die Verfluchte vom Bergmannhof –
unmöglich, dass die runterkommt zu uns ins Dorf!

Thomàs hat sie als Erster gesehen. Dieser kleine Punkt,
der aus dem Wald gekommen ist und sich unaufhörlich fort-
bewegt, wie eine Schlange, die nichts vom Ziel abbringt.
Zeit genug, allen Bescheid zu sagen und uns gemeinsam auf
die Lauer zu legen. Mit Thomàs, Andrej und Irina bin ich
im Laden beim Murnau, der lässt uns am Fenster sitzen, wir
warten gespannt. Der Murnau kommt ab und zu vorbei und
guckt nach, ob sie schon da ist. Ihr ruft mich, Kinder, wenn
ihr sie seht. Na klar, sagen wir. Dann geht der Murnau wieder
nach hinten, er weiß, dass jetzt keiner zum Einkaufen kommt.
Niemand ist draußen, nur der Sand und der kalte Wind und
die alte Isawa. Alles flieht vor ihr in die Häuser, selbst die
Tiere huschen in ihren Unterschlupf, lange bevor sie wirklich
erscheint.

Ich denke, die Isawa muss einsam sein. Wenn ich mir das
vorstelle, wie jeden Tag, jahrein, jahraus, alles vor einem flieht
und weghuscht, noch bevor man etwas gesehen hat, dann
muss einem doch die Welt vorkommen, als sei sie ganz verlassen.

Sie kommt, sie kommt, schreit Thomàs. Jetzt pressen wir unsere Gesichter an die kalte Scheibe, die immer wieder beschlägt, sodass wir mit unseren Gesichtern an der Scheibe rumrutschen, als wollten wir sie sauber machen. Platz da, Kinder, wir wollen auch was sehen. Der Murnau drückt mich runter, Frau Murnau kommt auch und bekreuzigt sich. Hey, der Murnau hat ja ein goldenes Kreuz um, ich hab' keines. Da! Ja, da. Die Alte geht mitten über den Sandplatz, drüben kann ich Gesichter sehen, in den Fenstern der Häuser. Mir kommt es vor, als seien die Häuser Ungeheuer und die Fenster die Augen. Augen, die sich bewegen, weil auch dort die Kinder an den Scheiben rumrutschen. Die Alte sieht starr geradeaus, sie geht langsam und aufrecht, sie ist ganz in Schwarz und trägt einen Bastkorb. Mein Gott, sagt der Murnau, die geht doch nicht einkaufen? Hoffentlich nicht, Gott, hoffentlich nicht, sagt Frau Murnau und bekreuzigt sich. Hoffentlich doch, sage ich, weil ich es so spannend finde. Schweig! schreit der Murnau und eilt zum Tresen, ich sehe, wie er sich immer wieder an den Bart fasst. Frau Murnau rennt an ihm vorbei, Halt, sagt der Murnau, du bleibst hier! Da fällt Frau Murnau auf die Knie und hält sich die Hände vor's Gesicht.

Hey, die kommt hierher, schreit Thomàs. Ja, tatsächlich, die alte Isawa kommt auf uns zu. Ihr Blick ist auf die Eingangstür gerichtet, uns scheint sie gar nicht zu sehen. Hilfe, Hilfe, schreit Thomàs, auch Andrej, und die kleine Irina macht ganz große Augen und lässt Tränen kullern. Los, Kinder, nach hinten, schreit Murnau. Thomàs, Andrej und

Irina rennen los, hinter dem Tresen verschwinden sie durch die Tür, der Murnau schließt den offen gelassenen Spalt. Er hat nicht gemerkt, dass ich hinter das Fass gekrochen bin. Ich wage kaum zu atmen, da klingelt die Türglocke. Ich kann den Windzug spüren, der durch die offene Tür kommt, meine Hände krallen sich in das feuchte Holz. Wieder das Klingeln der Türglocke, die Tür klackt zurück ins Schloss. Ist sie wirklich hereingekommen? Vorsichtig schiebe ich meinen Kopf vor und sehe zwei schwarze Stiefel. Ah! schreie ich, ich schließe meine Augen. Für einen Moment glaube ich, dadurch zu verschwinden. Da streicht mir eine Hand über den Kopf, ganz sanft, ich merke, wie eine Wärme in mich fließt, eine Art Freude. Ich hebe meinen Kopf und mache meine Augen auf. Ich blicke in das lächelnde Gesicht der Isawa. Und ich sehe eine Träne, die aus ihrem Auge kommt und sich in den Falten ihres Gesichts verliert.

Du bist ja einsam, sage ich.

Ja, sagt die Isawa, sie hat eine tiefe, so angenehme Stimme. Ich möchte immer wieder diese Stimme hören, da schreit der Murnau: Lass den Kleinen in Ruhe! Seine Worte zittern, ich sehe, dass er ein Gewehr in den Händen hält. Nein, sage ich, ich krieche aus meinem Loch heraus und stelle mich vor die Isawa. Die Isawa legt eine Hand auf meine Schulter, wieder durchströmt mich die Wärme. Dann höre ich noch einmal ihre Stimme, ich spüre ihren Atem an meinem Ohr: Komm zu mir!

Ich sehe nur noch ihren Rücken, den geraden, langsamen Gang, und dann klingelt die Türglocke, einmal und noch einmal. Sie ist weg, schreit der Murnau, ich hab' sie verjagt! Frau Murnau bekreuzigt sich, Danke, Herr, hab' Dank für deine Gnade. Die Kinder kommen raus, schlüpfen hinter dem Tresen hervor. Halt, *nicht!* schreit der Murnau, er ist verflucht! Sein ausgestreckter Arm, seine Hand und sein Finger sind auf mich gerichtet. Thomàs? rufe ich. Thomàs, mein Freund, weicht hinter dem Murnau zurück. Lass dich hier nie mehr blicken, ruft der Murnau, raus mit dir!

An der Tür sehe ich mich noch einmal um. Das ist nicht richtig, sage ich. Die Murnau bekreuzigt sich. Verschwinde, du Teufelsbrut, schreit der Murnau, und hält Thomàs, Andrej und Irina beschützend fest.

Draußen ist es kalt, und niemand ist auf dem Platz. Meine Augen suchen die Isawa, ich sehe sie auf dem Weg zum Bergmannhof. Dort steht sie und streckt die Hand nach mir aus.

Schnipp-Schnapp

Seit ich die Haare kurz habe, bin ich mir meiner nicht mehr sicher und wackle immerzu mit dem Kopf. Früher hatte ich einmal Zöpfe, die waren lang geflochten, und an ihren Enden zwirbelten die Haare auseinander. Ich nahm meistens meinen linken Zopf, eigentlich habe ich meine linke Hand zu nichts anderem benutzt, als mich an meinen Zopf festzuhalten. Mutti ließ ihn mir abschneiden, als ich Sechzehn war und wir noch zusammenlebten. Sie saß auf dem Sessel, und ließ ihren Typen, Fred, mit einer Schere aufmarschieren, der hielt mich fest und dann musste ich Mutti ansehen, während der Fred mir mit der Pferdeschere den Zopf abschnitt. Mutti lachte und trank aus ihrem Whiskyglas, und Fred lachte, weil er meinte, er hätte endlich etwas gemacht, was die Mutti gut findet, aber dann hat er meinen anderen Zopf genommen und nicht mitgekriegt, dass Mutti ihr Glas absetzte und die Hand hob. In seinem Wahn, noch mehr Anerkennung, noch mehr Zuspruch von meiner Mutti zu bekommen, schnitt er mir auch den anderen Zopf ab. Mutti schrie los, und Fred, dieser Typ, der stand so ganz verdattert da, mit den beiden Zöpfen je einen in der Hand, und die hingen hinab wie Skistöcke, nur eben kürzer, und die riesige Pferdeschere, die hatte er auch noch der Hand. Mutti schimpfte ihn aus, sie sagte ihm, dass er nie was kapiert und dass er den Witz kaputt gemacht hat. Fred sah so lächerlich aus, ich weiß genau, dass ein Mundwinkel von mir zucken wollte, ganz so, als würde sich mein Mund zum Lachen öffnen, so eine mutige Bewegung wollte mein Mund machen, aber natürlich bewegte sich nichts, ich denke nur, es war kurz davor. Freds Unterkiefer klappte runter, als Mutti aus dem Sessel kam. Fred hat zu den Zöpfen hinuntergeschaut, erst zum einen, dann zum anderen, und dann hat sich sein Gesicht verformt. Es war peinlich, das zu sehen, wie sich der Mund hin und her wand, wie eine Schlange, mal zur einen Seite, da ging es nicht raus, dann zur anderen Seite, und da ging es auch nicht raus, immer hin und her, wie eine verrückt gewordene Klapperschlange, denn es zischte auch und aus seinem Mund spritzte es wie Funken heraus. Mutti hat gelacht und gesagt: Sabber nicht so! Und das hat der Fred nicht gut aufgenommen, ich glaube, das fand er gemein, und dann liefen Tränen aus seinen Augen, dicke, fette Kullertränen, wie aus einer Puppe, und Mutti kam auf die Idee, ihm die Zöpfe aus den Händen zu nehmen und an die Seiten seines Kopfes zu halten. Das passte gar nicht, er hatte ja dunkle Haare, aber damals hatte ich blonde Haare, das sah ganz fremd an ihm aus, diese drangehaltenen Zöpfe von mir, trotzdem lachte Mutti und sagte, die kleben wir jetzt dran mit Klebe, mit Sekundenkleber, sodass sie nie wieder abgehen und jeder weiß, wie dumm er ist, und jedes Mal, wenn ihn irgendjemand sieht, Lachen, Lachen, überall Lachen ...

Mutti war richtig lebendig, ich mochte es, wenn sie sich

für etwas begeisterte, das war so selten, und doch war es so schön, ich dachte, wenn sie nur immer so sein könnte, so voller Leben, so ganz und gar bei der Sache. Dann passierte bei Fred etwas Komisches, er schnipste mit der Schere, Schnipp–Schnapp, Schnipp–Schnapp, zweimal, einfach so, sonst nichts. Ich glaube, er versuchte, etwas Überraschendes zu tun, um die Freude und Lebendigkeit bei Mutti noch größer zu machen, aber das ging natürlich nicht. Durch dieses Schnipp-Schnapp, Schnipp-Schnapp wurde Mutti völlig rausgebracht, von eben auf jetzt, die Lebendigkeit, diese ganze Zugewandtheit dem Leben gegenüber, alles weg, und die Zöpfe fielen auf den Boden, wie abgeschnittene Gliedmaßen, endgültig tot, erloschen, und Mutti fiel in den Sessel zurück und hatte wieder den starren Blick. Und dieser Fred guckte voller Schuld, wie ein Hund, der etwas Böses gemacht hat und das auch weiß, und das Böse, was dieser Fred gemacht hatte, war ja nur, dass er geglaubt hatte, er könne etwas Gutes bei meiner Mutti bewirken, ja, er, Fred, und das wusste er ja, dass das nicht sein konnte und nie sein konnte, und und jetzt kam die Schuld und dieses Gekrieche auf allen Vieren, immer wieder um den Sessel herum, wirklich, wie ein Hund, aber Mutti merkte es gar nicht mehr. Jedenfalls trage ich seitdem die Haare kurz.

Die Prüfung des Engels

I

– Beschreibe mir, was du siehst!

– Ich sehe die Berge, den See, die Fichten und ein Holzhaus.

– Gut! Was siehst du noch?

– Ich sehe bei den Fichten einen dunklen Ort …

– Dort gehe nicht hin! Kümmere dich darum, ganz wie du es gelernt hast!

– Das ist schwer, dieser dunkle Ort zieht meine ganze Aufmerksamkeit auf sich, ich spüre, dass mich dort etwas braucht, es ist wie ein Sog …

– Du musst dich sofort abwenden, hörst du! Wenn du auch nur einen Moment zu lange verweilst, kommt es hervor und holt dich. Hast du das verstanden, Martin?

– Ja, ich habe verstanden.

– Gut! Ich möchte jetzt die Genauigkeit deiner Wahrnehmung überprüfen: Beschreibe mir das Haus so exakt wie möglich!

– Das Haus ist zweistöckig, es ist aus Holz, mit einer lamellenartigen Struktur …

– Ja, Martin, sehr gut beobachtet. Übrigens, diese Holzlamellen sind heute gar nicht mehr zu bekommen. Das

Holzgeschäft, das diese einzigartigen Lamellen herstellte, ist vor zehn Jahren abgebrannt, ähm ..., das gehört natürlich nicht zur Prüfung! Martin, wie ist die Farbe der Holzlamell..., Martin? Wo bist du?

– Ja, ja, bin schon wieder hier. Die Lamellen sind weiß!

– Nein, das sind sie nämlich nicht. Martin, du darfst dich nicht von mir entfernen, hörst du? Außerdem musst du deinen Blick für die Details schärfen. Manche Stellen der Hausfassade sind nämlich rosa, weil die Farbe dort nicht abgeblättert ist! Martin? Wo zum ...

– Ich sehe ein Mädchen, es hat ein rosafarbenes Kleid an, mit Ärmeln, Entschuldigung, das Kleid ist nicht ganz rosa, die Umschläge an den Händen, die sind weiß. Auch der Kragen ist weiß, und auch das Gesicht des Mädchens ...

– Ja, sehr gut Martin, dein Blick erfasst die Details jetzt besser! Aber wieso ist hier ein Mädchen, eigentlich ...

– Ähm ..., jedenfalls hat sie ein Springseil, hält aber gerade mit dem Seilspringen inne. Sie schaut mich an.

– Nein, nein, das ist falsch. Sie kann dich nicht sehen!

– Aber es sieht so aus ..., doch, jetzt zeigt sie auf mich und kommt auf mich zu.

– Das bildest du dir ein! Ich sagte doch, sie kann dich nicht sehen. Bleib' bei dem, was wirklich geschieht und konzentriere dich!

– Aber sie steht vor mir und schaut nach oben, kein Zweifel, sie schaut mir ins Gesicht. Jetzt spricht sie auch. Sie sagt: Hallo, wer bist du?

– Was ...? Da stimmt etwas nicht. Nicht mit ihr reden, hörst du! Komm sofort zurück, wir brechen ab! Martin? Wo bleibst du?

– Ich bin noch hier, ich kann nicht weg. Ich habe mit ihr geredet, ich glaube, sie braucht …

– Du darfst nicht mit ihr reden, ich habe es dir doch gesagt! Martin, das war ein sehr schwerer Fehler, jetzt hat sie dich. Wenn sie dich nicht freigibt, kommst du nicht mehr von ihr los. Was geht nur in dir vor, mein Junge, ich habe dich doch so gewarnt. Aber das hilft jetzt nichts mehr. Martin, was hast du ihr gesagt?

– Ich habe gesagt: Hallo Kleines, ich bin zu Besuch hier. Sie hat gesagt, ja, das sieht sie, sie will aber wissen, wer ich bin. Was soll ich ihr antworten?

– Hör zu, Martin, du darfst sie nicht verärgern, hörst du? Sag etwas, was sie zum Nachdenken bringt. Wenn wir Glück haben, kannst du ihr dann entwischen.

– Okay, ich versuch's: Ich sage ihr, dass ich ein Wesen bin, das durch Zeit und Raum reist. Sie sagt, das machen doch alle Wesen. Ich antworte ihr, dass ich es aber nicht mit dem Körper tue, sondern mit Gedanken. Oh, sagt sie, sie auch. Was soll ich jetzt machen?

– Das klappt nicht, sie ist zu stark. Du musst sie irgendwie überlisten …

– Okay. Ich sage ihr: Kleines, ich muss leider schon wieder gehen, eine dringende Angelegenheit, nicht aufzuschieben. Sie sagt, nein. Sie sagt, ich soll mit ihr spielen. Ich schlage vor, später wiederzukommen, sodass wir dann viel mehr Zeit hätten … Mist, sie sagt wieder nein. Sie sagt, jetzt, jetzt

spielen wir, und zwar für immer. Oh, ihre Augen werden
rot, und die Zöpfe, die werden schwarz, die sehen aus, als
ob sie verkohlt sind. Oh, auch ihre Haut, es bilden sich
schwarze Blasen …

– Es ist die Kohlleiche, das hat uns noch gefehlt! Wenn sie dich
schluckt, kann sie sogar zu mir vordringen, so gefährlich
ist sie. Wo kommt die denn her? Martin, die hast du doch
geholt, oder? Bist zu dem dunklen Ort gegangen und hast
tüchtig hineingeschaut, was? Du hältst dich nicht an die
Vorgaben, jetzt sieh, wohin dich das gebracht hat! Immer
wieder habe ich es dir gesagt: Wenn du deinen Zug zum
Dunklen nicht überwindest, dann wird es ein schlimmes
Ende mit dir nehmen! Jetzt steht das Dunkle vor dir, und wie
du siehst, da gibt es nichts zu erlösen. Ich kann nun nichts
mehr für dich tun, Martin, es tut mir leid, ich muss dich loslassen, mein Junge …

II

– Ich bin Martin.

– Martin, so, so … Magst du mich, Martin?

– Jetzt, wo ich allein bin, habe ich Angst vor dir. Du siehst
schrecklich aus, deine roten Augenhöhlen, und wie du
mich aus diesem verkohlten Schädel anlächelst …

– Hahaha. Und das sagst du mir einfach so ins …, na, soll ich es
Gesicht nennen? Darf man das hier noch Gesicht nennen?

– Nein, es ist kein Gesicht mehr.

– Mutig, Martin, das macht Spaß mit dir! Die meisten, die mich sehen, langweilen mich so unendlich: *Nein, nicht, tue mir nichts, Hilfe* und so weiter … Weißt du, was ich mit denen mache, die mich anflehen? Ich schlucke sie. Aber mit dir werde ich vorher eine Weile spielen.

– Zum Spielen braucht man ein leichtes Herz. Hast du ein leichtes Herz?

– Mein Herz? Das ist ja eine komische Frage, du bist so witzig, Martin. Warte, ich kann …, ich kann mein Herz gar nicht spüren. Wenn ich in mich hinein spüre, ist da nur Leere …, als sei ich in einer schwarzen Kugel, die eine harte Schale hat, aber hinten ist sie zerbrochen, und wenn ich dort hingehe, ist da nichts, verstehst du, nur dunkel ist es und kalt, es ist eine kalte Finsternis, die in mir drinnen ist, sonst ist da nichts … Ist das mein Herz?

– Ja, das ist dein Herz, niemand ist darin, und weil es in deinem Herz so finster und einsam ist, bist du hier und möchtest mit mir spielen. Du bist auf der Flucht vor deinem Herzen.

– Ich bin auf der Flucht vor meinem Herzen …, das klingt schön. Aber ist es nicht traurig, dass in mir nur Leere ist …, ich kann gar nicht fühlen, dass es traurig ist, ich bin doch das Mädchen mit den Zöpfen, das über das Springseil springt …

– Das ist eine Erinnerung. Du erinnerst dich an das kleine Mädchen, das einmal vor dem Haus über das Springseil gesprungen ist. Und an dem Springseil hältst du dich immer noch fest.

– Was passiert, wenn ich das Seil fallen lasse?

– Dann trifft dich der Schmerz. Aber die Dunkelheit, die verschwindet. Die Wärme wird kommen, und du wirst nicht mehr einsam sein.

– Wie lange dauert der Schmerz?

– Nicht lange. Der Schmerz ist so groß, dass er dich auf der Stelle zerreißt. Er steht hinter dir, schon die ganze Zeit, und wartet auf dich. Er ist sehr geduldig. Sieh, er breitet seine Arme aus. Ich glaube, er lächelt. Er sehnt sich nach dir. Ich glaube, ihr gehört zusammen, und du bist so einsam, weil du ihn nicht ansiehst.

– Wird er mich in den Arm nehmen?

– Ja.

– Martin, ich habe Angst. Warum kommen Tränen aus deinen Augen?

– Das ist, weil ich deinen Schmerz fühle. Er dringt in mein Herz und öffnet es.

– Das ist doch schlimm?

– Ja, es tut weh, aber nur im ersten Moment. Dann ist es schön, dann breitet sich Wärme aus, und ich fühle, dass ich liebe.

– Ich möchte das auch fühlen. Ich lasse jetzt das Seil fallen. Martin, ich danke dir. Sehen wir uns wieder?

– Ja, wir sehen uns wieder. Dann wird dein Herz leicht sein, und wir werden spielen, für immer.

11. Kapitel

Die Technik, das innere Kind schreiben zu lassen

Die Geschichten, die ich Ihnen hier erzählt habe, sind von mir *und* meinen inneren Kind geschrieben worden. Mein inneres Kind hat diese Geschichten entstehen lassen, und ich habe sie mit meinem Heutigen Ich etwa ein Jahr lang immer wieder überarbeitet: Ich habe den Satzbau und die Rechtschreibung korrigiert, ich habe Passagen gestrichen oder an eine andere Stelle verschoben, ich habe immer wieder an diesen Geschichten gefeilt, nachgespürt und destilliert, bis sie in dieser Form vorlagen. (Eine Sammlung meiner Geschichten liegt in dem Buch „Das unentdeckte Land" vor.)

Die Geschichten des inneren Kindes sind nicht perfekt

Dieser zweite Schritt, die Überarbeitung der Texte, fiel mir schwer – dieser zweite Schritt fällt mir immer schwer. Er bringt den Perfektionisten in mir – meinen inneren Kritiker – zum Vorschein. Nichts ist ihm gut genug, und wenn ich nicht aufpasse, kürzt er den Text, bis nichts mehr da ist. Andererseits bringt erst diese Überarbeitung den Text des inneren Kindes in eine Form, dass er für andere lesbar wird. In der Rohfassung würden

Sie die Geschichten nur schwer ertragen können. Lassen wir einmal die Rechtschreib- und Grammatikfehler in der Rohfassung beiseite, so würden die Wiederholungen, die Paraphrasierungen und die teilweise ausufernden Beschreibungen Sie schnell ermüden. Mich ermüden Sie jedoch nicht, weil ich die Schöpfungen meines inneren Kindes liebe. Deshalb fällt es mir schwer, sie zu überarbeiten. Ich tue es nur aus einem Grunde, nämlich, weil ich sie einer Öffentlichkeit vorstelle. Sonst würde ich sie in der Fassung des inneren Kindes belassen. Erwarten Sie also keine perfekten Geschichten, keine Geschichten *in Feinform*, wenn wir uns gleich mit der Methode befassen, das innere Kind durch uns kommen und schreiben zu lassen.

Sie werden dabei nichts leisten müssen. Das Gute an dieser Arbeit ist, dass sie durch das Loslassen geschieht. Das Loslassen ist kein Kraftakt, kann aber durchaus aktiv geschehen – was wir dazu benötigen, ist eine Technik. Sie kennen die wesentlichen Schritte dieser Technik bereits aus dem Kapitel über das Malen, auch hier beim Schreiben wird es wieder darum gehen, mit der Aufmerksamkeit in den Körper hineinzugehen, im Bauch anzukommen, das Gesäß zu entspannen und Ihren Körper machen zu lassen, bis *Es* Sie ergreift und durch Sie durchwirkt.

Das wird nicht immer auf spektakuläre Weise geschehen. Die Kraft des inneren Kindes kommt, wann und wie sie es will. Wir können nur die Rahmenbedingungen schaffen, die das innere Kind einladen, durch uns ans Licht zu kommen.

Vorbereitungen

Wenn wir nun aus dem inneren Kind schreiben wollen, können wir das auf mehrere Weisen tun: mit einem Stift oder Kugelschreiber oder auch an der Tastatur des Computers oder Laptops. Letzteres empfehle ich nur, wenn Sie blind mit zehn Fingern tippen können, sonst nehmen Sie sich bitte einen Block und einen Stift, am Besten einen Kugelschreiber.

Nehmen Sie den Kugelschreiber in Ihre Schreibhand, wenn wir mit der Technik beginnen. Wenn Sie mit der Tastatur arbeiten wollen, fahren Sie Ihren Rechner hoch und rufen Sie das Textverarbeitungsprogramm auf. Richten Sie alles so ein, dass Sie sofort lostippen können. Schalten Sie dann den Monitor aus oder verdecken Sie ihn, denn das Geschriebene soll sie nicht ablenken. Es soll Sie nicht interessieren, ob die Wörter richtig geschrieben sind oder der Satzbau stimmt. Das können Sie bei Bedarf alles später korrigieren. Aber Vorsicht, wenn Sie am Computer schreiben: Beachten Sie, bevor Sie Ihre Augen schließen und beginnen, dass Ihre Finger auf den richtigen Buchstaben der Tastatur liegen: die Zeigefinger auf F und J. Mir ist es einmal passiert, dass ich mit der Grundstellung meiner Finger eine Taste nach rechts gerutscht bin. Dann habe ich mehrere Seiten geschrieben, aber leider in der Sprache eines Aliens – sehr kreativ, jedoch nicht zu verstehen und auch nicht mehr zu entschlüsseln.

Körper – Kontakt

Wenn wir mit dem Einspüren in den Körper beginnen, möchte ich Sie einladen, diesen Prozess schreibend zu begleiten, das kann folgendermaßen geschehen: Sie lesen, was ich Ihnen vorschlage, warten einen Augenblick, setzen es dann um und beschreiben dabei, was Sie tun. Ein Beispiel:

Ich schlage vor:

Gehen Sie mit Ihrer Aufmerksamkeit zu Ihren Füßen, spüren Sie den Kontakt zum Boden.

Sie tun das und schreiben zum Beispiel:

Ich spüre den Kontakt zum Boden, sage Hallo zu meinen Füßen, ich gehe aufwärts, in meine Unterschenkel …

Das hat seinen Sinn, denn wir gelangen sogleich in den Schreibprozess – das *begleitende* Schreiben wird uns zu einer Selbstverständlichkeit.

Sich schreibend begleiten

Vielleicht hilft Ihnen dieses schreibende Begleiten dabei, den Körper-Kontakt noch intensiver durchzuführen als bisher. Bei mir ist es manchmal so. Wenn ich mich an „Schreibtagen" morgens an den Computer setze, beschreibe ich über einige Seiten, wie ich den Körper-Kontakt durchführe, das gibt mir dieses entlastende Gefühl des *Schon-Geschrieben-Habens*. Dieses Schon-Geschrieben-Haben hilft mir, lockerer zu werden und meine Ansprüche zu vergessen. Es hilft mir, in den Fluss zu kommen, probieren Sie es einmal aus.

Eigene Wörter finden

Finden Sie daher, wie im obigen Beispiel, andere Wörter, als die, die ich verwende. Es reichen minimale Abweichungen, aber es sollte nicht ganz dasselbe sein. Paraphrasieren Sie: Wenn ich sage *Gehen Sie mit Ihrer Aufmerksamkeit in Ihren Oberschenkel ...*, schreiben Sie zum Beispiel: Ich spüre in meine Oberschenkel, ja, so fühlt es sich gerade an ..., und so weiter. Gehen Sie also bitte in dieser Weise durch Ihren ganzen Körper und begleiten Sie diesen Prozess schreibend.

Die Füße und Unterschenkel haben Sie bereits besucht, die Knie und die Oberschenkel folgen. Gehen Sie nun bitte mit Ihrer Aufmerksamkeit ins Gesäß und beschreiben Sie, wie Sie es tun. Spüren Sie den Kontakt zu der Unterlage, auf der Sie sitzen, entspannen Sie ihr Gesäß, spüren Sie, wie es sich dort anfühlt, und sagen Sie Hallo zu dieser Empfindung. Spüren Sie in dieser Weise in ihren Rücken, hinauf zu den Schultern, und dann in die Arme, bis hinunter zu ihren Fingern, und spüren Sie dort den Kontakt Ihrer Finger, entweder mit der Tastatur oder dem Stift. Gehen Sie dann mit Ihrer Aufmerksamkeit in Ihren Nacken, spüren, wie es sich dort anfühlt, sagen Hallo, und weiter hoch in Ihre Kopfhaut, nach vorne in die Stirn, in Ihre Augen, die Nase, den Mund und die Zunge, und schließlich in Ihre Kinnspitze. Gehen Sie dann bitte mit Ihrer Aufmerksamkeit in Ihren Körper hinein, wie sich Ihr Hals von innen her anfühlt, und begrüßen Sie diese Empfindung – wie auch immer sie sein mag. Spüren Sie dann in Ihren Brustkorb, von innen her, wie es sich hier drinnen anfühlt, und begrüßen Sie, was Sie empfinden. Nun gehen Sie bitte tiefer, in Ihren Oberbauch und Bauch. Bleiben Sie dort mit Ihrer Aufmerksamkeit, während Sie zusätzlich Ihr Gesäß entspannen, sodass Sie Ihre Beine bis hinunter zu den Füßen spüren. Stellen Sie sich bitte vor, Sie atmen aus den Füßen hinauf, in Ihr entspanntes Gesäß, bis hoch in Ihren Bauch.

Dem folgen, was kommt

Wie fühlt es sich in Ihrem Bauch an, welcher Art ist die Empfindung, die sich dort einstellt? Das kann eine ganz vage Empfindung sein, etwas, was sich nur am Rande Ihrer Wahrnehmungsmöglichkeit befindet, etwa: *Ah, da ist eine Spannung, eine Art Präsenz ...* – begleiten Sie dieses Nachspüren und Empfinden schreibend. Bleiben Sie im Schreiben, während Sie spüren, bleiben Sie im Spüren, während Sie schreiben. Vielleicht erscheint dabei ein Bild. Das kann alles Mögliche sein, ein Mühlrad, ein Stein, eine Flasche oder was auch immer. Nehmen Sie das, was gerade kommt, und beschreiben Sie es – sowohl Ihre Wahrnehmung als auch die Bilder, ganz wie es sich einstellt. Alles gehört dazu, es gibt kein Richtig oder Falsch. Folgen Sie einfach den Bildern und Empfindungen, die sich einstellen. Wenn Sie *nichts* spüren, dann schreiben Sie: *Jetzt spüre ich nichts, jetzt sehe ich keine Bilder, jetzt bemerke ich dort im Bauch plötzlich eine Bewegung ...*, und fahren Sie in dieser Weise fort. Bleiben Sie in dieser einladenden, erlaubenden Haltung, und folgen Sie dem, was kommt.

Wider dem tierischen Ernst

Ist Ihnen das Ganze zu ernst, wunderbar! Vielleicht haben Sie Lust, zwischendurch irgendeinen Satz einzustreuen, der Ihnen gerade in den Sinn kommt, etwas Albernes vielleicht, kein Problem. Bei mir kommt gerade: *Fratz fritzt heute Morgen zuviel, frotzt du, fragt sich Fratz.*

Es kann irgendetwas sein, etwas Verrücktes oder völlig Unpassendes, schreiben Sie das einfach hin, und wenn es Ihnen Spaß macht, führen Sie es fort – *solange es Energie hat*. Gehen Sie mit der Energie, gehen Sie mit dem, was Spaß macht. Und sobald es keinen Spaß mehr macht, sobald sich Anstrengung hineinmengt und den Spaß verdrängt, lassen Sie es fahren dahin, wie Meister Eckhart sagen würde. Und dann spüren Sie wieder in Ihren Körper, in die Empfindungen, die gerade im Bauch oder anderswo in ihrem Körper wahrnehmbar sind. Folgen Sie diesen Wahrnehmungen, begrüßen Sie sie, beschreiben Sie die Bilder, die sich einstellen.

In der Dynamik schwimmen

Es kann sein, dass sich eine Dynamik entwickelt: Eine Geschichte möchte sich schreiben lassen. Bei mir hat dieser eine Fratz – Satz etwas bewirkt, ich sehe da nämlich mal wieder eine Katze, zu der es mich hinzieht. Es gibt da eine Bewegung in mir: Mich interessiert, was es mit der Katze auf sich hat. Vielleicht haben Sie jetzt auch so eine Spur, folgen Sie Ihr, wenn es Sie *zieht*.

Wenn Sie aber merken, Sie beginnen die Geschichte *zu machen*, wenn Sie an der Geschichte zu leiden beginnen, dann halten Sie bitte an. Schreiben Sie in diesem Fall einen Satz, der überhaupt nicht passt, einen Satz, der die ganze Geschichte über den Haufen wirft. Etwas Albernes! Oder gleich ein paar dieser Sätze, Hauptsache, Sie befreien sich – alles andere ist egal. Es geht nicht darum, eine entstehende Geschichte abzuarbeiten, ganz im Gegenteil. Es geht darum, sich von der Freude am Unbekannten verzaubern und überraschen zu lassen. Wir machen uns immer wieder leer, damit *Es* uns füllt.

Also, es kann sein, wenn Sie so innehalten, wenn Sie dann Ihren Empfindungen nachspüren – auch das beschreiben Sie bitte wieder: *Ah, jetzt halte ich inne, warte, ah, tja, da ist jetzt ein Bild …* – dass es plötzlich wieder von selbst weitergeht. Dass es weitergeht, bemerken Sie an der Zunahme der Intensität. Dieser wollen wir folgen.

Wenn Sie eine Geschichte packt, merken Sie es immer an der Intensität. Dann erübrigt sich, was ich hier schreibe, weil *Es* Sie hineinzieht und Sie so fesselt, dass Sie automatisch dem Fluss der Geschichte folgen – und nichts Sie davon abhalten kann! Wenn so etwas geschieht, dann ist es ein Geschenk: Nehmen Sie es an, folgen Sie dieser Spur und genießen Sie es.

'Rausrutschen' ist okay

Wenn Sie zwischendurch herausrutschen, gehen Sie wieder mit der Aufmerksamkeit in Ihren Bauch, entspannen Sie Ihr Gesäß, atmen Sie aus den Füßen. Immer, wenn Sie *in den Kopf* geraten und zu arbeiten beginnen, kehren Sie bitte in dieser Weise zurück in Ihren Körper.

Wenn Sie einen Satz schreiben, mit dem Sie die Geschichte scheinbar über den Haufen werfen, stellt sich häufig später heraus, dass es dieser Satz ist, der das Fremde und Überraschende dieser Geschichte hervorbringt. Einen solchen Satz können Sie aktiv mit einer Technik provozieren, die ich sehr häufig verwende:

Vom Nachbarn abschreiben

Probieren Sie das Folgende einmal zwischendurch aus – wenn Sie nicht gerade in der Dynamik einer Geschichte schwimmen. Ja, wir können solche Experimente zwischendurch einschieben, das ist alles erlaubt. Denn hier ist die Gelegenheit, wo wir dem Spießer in uns mal eine Auszeit gönnen. Schließen Sie Ihre Augen, und stellen Sie sich eine leere Seite vor, eine leere, unbeschriebene Seite. Jetzt erscheint dort ein erstes Wort, ja, jetzt. Kann sein, dass es Buchstabe für Buchstabe hervorkommt oder gleich als ganzes Wort. Schreiben Sie das einfach ab, was Sie sehen. Sie brauchen es nur abzuschreiben, das Wort erscheint von selbst. Sie brauchen sich nicht darum zu kümmern, welches Wort es ist oder ob es Sinn macht. Schreiben Sie das einfach ab, zügig und flott, ein Wort nach dem anderen. Wie damals in der Schule, als Sie auf den Zettel des Nachbarn schielten und wortgetreu abschrieben, weil Sie von dem Stoff keine Ahnung hatten. Mit Eckhart gesprochen: Lassen Sie ihn, den Nachbarn, schön machen und haben Sie den Frieden.

Wenn Sie merken, dass aus den *abgeschriebenen* Wörtern eine Dynamik auf sie einwirkt, folgen Sie ihr. Auch wenn Sie dann diese Technik des Abschreibens verlassen, wie gesagt, der Spießer in uns hat Auszeit – wir folgen nur dem, was uns Spaß macht. Wenn die Dynamik schwächer wird, erkennen wir es an, sagen okay, und dann schreiben wir wieder ab oder wir spüren unseren Empfindungen und Bildern nach und beschreiben sie. Alles ist erlaubt, alles ist okay, wir können nichts falsch machen.

Was kommen will, kommt

Tatsächlich ist es so – ich glaube das und erfahre es immer wieder – dass das, was durch uns durchkommen will, sowieso kommt. Wir müssen nur lange genug dranbleiben. Wenn wir einige Seiten mit den beschriebenen Techniken experimentieren, kommt nach einer Weile das Eigentliche durch – ohne, dass wir geahnt haben, was es sein würde. Was in uns ist, kommt heraus, und dann merken wir die Befreiung. Wir müssen nur eine Weile dabei bleiben, locker bleiben, weitermachen, dann kommt es hervor – übrigens nicht selten, wenn wir gerade aufhören wollen.

Häufig auf dem letzten Meter

Das ist mir schon sehr häufig passiert: Ich habe geschrieben, ein paar Seiten, ich finde es ganz gut, aber es nimmt mich nicht so richtig gefangen. Ich fühle mich müde, und beschließe, aufzuhören. *Heute klappt es nicht so richtig*, sage ich mir, schreibe halbherzig ein paar letzte Sätze, da geht es plötzlich doch noch los: Etwas Tiefes, etwas Berührendes kommt durch. Das geschieht nicht immer, aber es geschieht häufig, dass erst auf dem letzten Meter der *eigentliche* Prozess einsetzt. Dass erst dann doch noch das Eigentliche durchkommt, das, was heraus will. Aber, wie gesagt, *Es* kommt, wann es will. *Es* ist ein Geschenk. Wir können die Hände nur offen hinhalten und *Es* verführen, sich hineinzulegen.

Die Zeit der Ernte und Fülle

Wenn Sie etwas geschrieben haben, genießen Sie es. Lesen Sie es durch und bleiben Sie dabei mit Ihrem inneren Kind verbunden. Erfreuen Sie sich *uneingeschränkt* an den Schöpfungen Ihres inneren Kindes, feiern Sie die schöpferische Kraft Ihres inneren Kindes. Diese Phase, wo das Geschriebene noch frisch ist, ist die Zeit der Ernte und Fülle. Korrigieren Sie die Geschichte nicht, schauen Sie gar nicht hin, wo die Geschichte verbessert werden könnte, denn das ruft den realistischen Erwachsenen oder den inneren Kritiker auf den Plan. Die beiden kommen später zu ihrem Recht, sofern Sie möchten. In dieser Phase bleiben wir ganz bei unserem inneren Kind.

Ich habe Phasen, in denen ich jeden Tag Geschichten schreibe und mich von den Dynamiken ergreifen lasse. In diesen Phasen idealisiere ich, was ich schreibe, ich tue das hemmungslos und genieße es. Ich mache mir das nicht kaputt, indem ich korrigiere und auf Verbesserungen schiele. Das verschiebe ich auf später, manchmal auf sehr viel später.

Lassen Sie das Geschriebene, nachdem Sie es ausgiebig gefeiert haben, eine Weile liegen, für einige Wochen oder am Besten Monate. Die zeitliche Distanz macht es leichter, den Text aus der Position des realistischen Erwachsenen zu betrachten.

12. Kapitel

Die Schöpfungen unseres inneren Kindes überarbeiten

Aber müssen Sie das überhaupt tun? Müssen Sie Ihre Geschichten korrigieren und kritisch überarbeiten?

Nein, das müssen Sie nicht, wenn Sie sich sozusagen nur privat an Ihrer Kreativität erfreuen wollen. Ich habe eine solche Einstellung größtenteils beim Malen, ich male zu meinem Vergnügen, ich male, um mich an der Kreativität meines inneren Kindes zu erfreuen, das ist wunderbar und das reicht mir dort. Beim Schreiben sieht es anders aus, hier möchte ich noch etwas anderes, nämlich Anerkennung: Ich möchte, dass Menschen meine Texte lesen, davon berührt sind und sagen, dass es wunderbar ist, was ich schreibe.

Wenn Sie Ihre Texte einer Öffentlichkeit vorstellen wollen, sei es ein kleiner Kreis aus Ihren Freunden, sei es ein Schreibwettbewerb, ein Poetry Slam oder sogar eine Buchveröffentlichung, dann sollten Sie vorher die beiden anderen Instanzen in Ihnen zurate ziehen: den realistischen Erwachsenen und den inneren Kritiker.

Das Herz an etwas Anderes hängen

Um Abstand zu der Geschichte Ihres inneren Kindes zu bekommen und sie aus der Position des realistischen Erwachsenen zu betrachten, ist es also günstig, Zeit vergehen zu lassen. Noch besser ist es, wenn Sie von der Geschichte gar nichts mehr wollen. Das ist der Fall, wenn Sie in der Zwischenzeit Ihr Herz an ein anderes Projekt gehängt haben – wenn also Ihr inneres Kind bereits mit ganz etwas anderem beschäftigt ist.

Ich habe einmal einer Lesung von Chuck Palahniuk beigewohnt, dem Autor von „Fight Club“. Als er gefragt wurde, wie er die Verfilmung seines Romans gefunden habe, sagte er, das interessiere ihn gar nicht mehr. Wenn er ein Buch beendet habe, würde er das Buch loslassen, ganz so, als sei das Buch ein erwachsen gewordenes Kind, das sich nun allein in der Welt zu bewähren habe. Sollen sie einen Film draus machen oder was immer, er selbst kümmere sich nicht mehr darum, sondern schreibe bereits an einem neuen Buch. Das neue Buch befreie ihn von der Bindung am alten.

Ganz anders verhält es sich, wenn wir von unserer Geschichte oder unserem Text etwas erwarten, zum Beispiel, dass sie veröffentlicht wird und wir dadurch endlich den verdienten Weltruhm erlangen. Wir machen uns dadurch nicht nur verletzbar, wir gefährden auch unsere Fähigkeit, den Text kritisch zu betrachten. Dann wird das Unterfangen, die Geschichte zu überarbeiten, gewichtig, es wird zu einer ganz ernsten Sache, weil unser Glück daran gebunden ist. Noch schlimmer ist es, wenn wir mit diesen Hintergedanken zum inneren Kind gehen und es antreiben zu schreiben, damit wir durch seine Schöpfungen unsere Existenz retten können. Da spielt das innere Kind nicht mit, denn es ist kein Spiel mehr.

Die realistische Betrachtungsweise des Geschriebenen

Unser Heutiges Ich ist die Instanz, die den Text unseres inneren Kindes realistisch betrachten kann.

Die *realistischste* Betrachtungsweise wäre die, den Text als einen fremden Text zu lesen – ein Text, den ein anderer geschrieben hat. Wir brauchen eine nüchterne Distanz, um zu streichen, denn in der Regel wimmelt es in unserer Urfassung von Wiederholungen, Satzbau- und Grammatikfehlern, aber auch von Abschweifungen, die zwar interessant und gut geschrieben sein mögen, aber den *Zug* aus der Geschichte nehmen.

Den Text antasten

Bei dem ersten Schritt unserer Überarbeitung, der Korrektur von Rechtschreibung, Satzbau und Grammatik, befinden wir uns noch in der Nähe zu unserem innerem Kind. Wir tasten die Schöpfung unseres inneren Kindes an, aber wir nehmen noch keine tieferen Eingriffe vor. Wir bringen den Text lediglich in eine lesbare Fassung.

Es mögen uns bereits Textpassagen auffallen, die nicht so richtig in die Geschichte passen, aber noch können wir uns nicht von ihnen trennen. Das ist okay.

Freunden vorlesen

Vielleicht möchten Sie den Text, kaum dass er lesbar geworden ist, bereits vortragen. Tun Sie das bitte nur vor Freunden, die Ihnen wohlgesonnen sind und von denen Sie ein liebevolles Urteil erwarten dürfen. Wenn unseren Freunden etwas an uns liegt, dann hüten die sich davor, etwas anderes zu sagen, als uns lieb ist. Deshalb mögen uns die Kommentare unserer Freunde zwar erfreuen, aber sie machen es uns schwerer, uns von unserem Text zu lösen und ihn kritisch zu betrachten. Und auch unter unseren Freunden kann ein Räuspern an der falschen Stelle, eine Rückfrage mit einem Hauch von Skepsis bereits unser inneres Kind verletzen. Daher ist es sicherer für uns und unser inneres Kind, den inneren Kritiker aufzusuchen, *bevor* wir den Text jemandem vorlesen. Erst wenn wir diesen Schritt getan haben, ist unsere Geschichte sicher und unser inneres Kind geschützt. Dann können wir uns, wenn uns brutale, feindselige Kritik trifft, sofort vor unser inneres Kind stellen und uns wehren.

Den inneren Kritiker aufsuchen und den Text schützen

Ich möchte Sie einladen, Ihren inneren Kritiker aufzusuchen, indem Sie sich die Haare nach hinten kämmen, sich eine Brille aufsetzen und zu einem Literaturkritiker vom Kaliber eines Reich-Ranicki werden. Reiben Sie sich die Hände, bevor Sie sich Ihren Text vornehmen, und tun Sie so, als sei es der Text eines Autors, den Sie zerreißen wollen. Warum ist der Text so langweilig, warum ist der Stil misslungen? Ja, machen Sie den Text nieder, erheben Sie eine

Anklage gegen den Text und lispeln Sie die S-Laute. Oder schreiben Sie ein Pamphlet gegen Ihren eigenen Text. Seien Sie absichtlich ungerecht und genießen Sie die Frechheiten, mit denen Sie Ihren Text angreifen.

Über den Wahn mit den eigenen Texten lachen

Verstehen Sie mich bitte richtig, Sie spielen das nur, Sie spielen den Kritiker, Sie überziehen die Kritik – es geht hier nicht um die Wahrheit, sondern nur um einen Informationsgewinn! Wir wollen in dieser Phase herausfinden, was Leute gegen unseren Text vorbringen *könnten*, und wir wollen uns von der dramatischen Einstellung befreien, unser Text sei heilig und niemand dürfe ihn je kritisieren. Eine solche Rolle zu spielen, hilft uns dabei, über den Wahn mit unseren eigenen Texten zu lachen.

Die Rolle des Kritikers humorvoll zu integrieren, macht Spaß. Wenn Sie veröffentlichen wollen, ist Humor oder die Fähigkeit, über sich selbst und die überzogenen Erwartungen an eine Veröffentlichung zu lachen, eine wichtige und sehr heilsame Eigenschaft.

Rückkehr zum Heutigen Ich

Mit den Argumenten des inneren Kritikers gehen wir zu unserem Heutigen Ich und überprüfen, was an der überzogenen Kritik berechtigt sein könnte.

Ich selbst wende, wenn ich auf die Feinform meines Textes zusteuere, gerne noch eine andere Technik an: Ich imaginiere mich in einen Saal von 1000 Leuten, dort findet ein Literaturwettbewerb statt, ein Poetry Slam, und zwar einer der härteren Gangart. Bei einem normalen Poetry Slam haben Sie etwa fünf Minuten Zeit, Ihren Text vorzutragen, dann wird Ihr Werk vom Publikum bewertet. Bei meinen imaginierten Poetry Slam läutet die Glocke, sobald ein Satz langweilig ist. Jeder Satz, den ich vorlese, könnte also mein letzter sein. Häufig erschließt sich mir erst jetzt der Zug der Geschichte – was in die Geschichte hineinzieht oder was von ihr wegführt und überflüssig ist.

Wenn etwas irgendwie nicht stimmt

Wenn sich in diesem späteren Stadium der Überarbeitung herausstellen sollte, dass fundamentale Dinge in dem Text nicht stimmen, dann ist es nach meiner Erfahrung am Besten, den Text beiseitezulegen. Betreiben Sie keinen Krampf mit Ihrem Text. Wenn sich das Gefühl einstellt, *irgendetwas stimmt mit dem Text nicht*, dann nehmen Sie bitte dieses Gefühl ernst. Lassen Sie den Text eine Weile liegen. Später, in einigen Monaten, wenn Sie Ihre Geschichte anders betrachten können, wird Ihnen wahrscheinlich sofort auffallen, was die Geschichte noch braucht.

Erschaffen und Überarbeiten deutlich trennen

Lassen Sie nach solchen Überarbeitungsphasen, gerade wenn Sie den inneren Kritiker aufgesucht haben, Zeit vergehen, bis Sie wieder in eine schöpferische Phase eintreten und sich Ihrem inneren Kind zuwenden. Es braucht Zeit, die kritische Phase loszulassen. Je öfter Sie diese Phasen durchlaufen, desto leichter wird es Ihnen fallen, die unterschiedlichen Positionen in sich zu identifizieren und je nach Bedarf hochzuladen.

Versuchen Sie bitte nicht – ich sage es lieber einmal zu oft – direkt von der kritischen Position in die Position des inneren Kindes zu wechseln. *Heute überarbeite ich eine Geschichte, morgen schreibe ich eine neue!* – das halte ich für sehr schwer. Auch Gespräche mit Verlagen, Lektoren oder Literaturagenten sollten Sie vermeiden, wenn Sie gerade in einer schöpferischen Phase sind. Solche Gespräche aktivieren den inneren Kritiker und könnten Ihr inneres Kind entmutigen. Davor sollten Sie Ihr inneres Kind unbedingt schützen.

Zu Ihrer Orientierung stelle ich die Phasen mit den zugehörigen Techniken in einer Übersicht zusammen.

Die Phasen und die Techniken in der Übersicht

Erste Phase:
das innere Kind

1) Körper – Kontakt, schreibend begleiten

a) Füße – Beine – Gesäß – Rücken – Schultern – Arme – Hände und Finger – Nacken – Kopfhaut – Stirn – Augen – Nase – Mund und Zunge – Kinnspitze

b) Das Innere des Halses – das Innere des Brustraums – das Innere des Oberbauches und Bauches

c) Entspannen des Gesäß – aus den Füßen atmen – hoch zum Inneren des Bauchs

2) Das innere Kind durchkommen lassen

a) die Empfindungen im Bauch beschreiben

b) die aufsteigenden Bilder beschreiben

c) Sätze einstreuen, die nicht passen

d) vom Nachbarn abschreiben: Augen schließen, ein leeres Blatt sehen, Buchstaben entstehen lassen; abschreiben, ohne zu wissen, wovon

e) der Spur der Intensität folgen

3) Feiern

a) Genießen Sie die Kreativität Ihres Textes, freuen Sie sich darüber

b) den Text eine Weile liegenlassen, sich mit etwas anderem beschäftigen, Ihr Herz an etwas anderes hängen

Wenn Sie nicht mit Ihrem Text in die Öffentlichkeit gehen, genießen Sie die Kreativität Ihres inneren Kindes. Die nachfolgenden Phasen brauchen Sie nicht zu durchlaufen.

Wenn Sie Ihren Text öffentlich machen wollen:

Zweite Phase:
das Heutige-Ich überarbeitet

a) den Text auf grobe Fehler korrigieren: Rechtschreibfehler, Satzbau – und Grammatikfehler korrigieren; Wiederholungen streichen

b) streichen, was nicht zum Text gehört: der Körper-Kontakt, Beschreibungen von Empfindungen und Bildern, die nichts mit der Dynamik der Geschichte zu tun haben

c) die Geschichte liegen lassen, ein paar Tage oder Wochen, am Besten Monate

Dritte Phase:
der innere Kritiker

1. In die Rolle eines Kritikers schlüpfen
a) gegen den Text Argumente vorbringen, ungerecht sein, die Kritik überziehen

b) eine Liste der kritischen Punkte erstellen

c) vor einem imaginierten, kritischen Publikum lesen, das auf Langeweile mit Abläuten reagiert

Vierte Phase:
das erwachsene Heutige-Ich überprüft

a) die Argumente durchgehen und sehen, was realistisch daran ist, und was im Text zu verändern wäre

b) streichen, was vom Zug der Geschichte wegführt

c) gegebenenfalls den Text liegen lassen und nach einigen Monaten noch einmal lesen; eventuell noch einmal den inneren Kritiker aufsuchen

Erst die Schritte lernen, dann damit spielen

Ich empfehle, diese Phasen zunächst genau wie beschrieben zu durchlaufen und die Techniken Schritt für Schritt durchzuführen. Später, wenn Sie sich damit vertraut gemacht haben, können Sie auch mit den einzelnen Schritten spielen. Nur eines: Trennen Sie bitte die Phasen, wechseln Sie nicht direkt vom inneren Kind zum Kritiker. Ich betone das so eindringlich, weil ich Ihnen die Verletzungen ersparen möchte, die mir selbst widerfahren sind, als ich es nicht tat. Davon berichte ich im nächsten Kapitel.

13. Kapitel
Im Bann des inneren Kindes

Als ich vor vielen Jahren an meinem ersten Roman zu schreiben begann, hatte ich noch keine Ahnung von dem Konflikt zwischen dem inneren Kritiker und dem inneren Kind. Damals geriet ich ganz in den Bann meines inneren Kindes und verlor den Kontakt zu meinem regulierenden Heutigen Ich.

So glaubte ich damals, ich würde das größte Buch aller Zeiten schreiben. Ich machte mir keine Gedanken darüber, wie es zu veröffentlichen wäre, das Buch war viel zu gut – es war erhaben über solche kleinlichen Bedenken. Tagsüber schrieb ich, den Rest der Zeit verbrachte ich im Wesentlichen mit Fantasien, wie ich in Talk-Shows auftrat, Interviews gab oder wie der Palast aussehen sollte, in dem ich bald wohnen würde. Als das Buch fertig war, ließ ich es binden und schickte es per Einwurf – Einschreiben an den ersten Verlag. (Ein Autor kann sein Werk in kaum einer aussichtsloseren Form einen Verlag anbieten: Er offenbart sich als jemand, der die Bedeutung seines Werks maßlos überschätzt.) Nach etwa sechs Wochen erhielt ich eine Antwort, eine formlose Absage. Das steckte ich noch weg, genauso wie die Absagen von neun weiteren Verlagen, denen ich mein Manuskript anbot, dann kam der Einschlag. Wieder erhielt ich eine Absage, diesmal allerdings war das Gutachten einer Lektorin beigefügt. Dort wurde auf drei Seiten nicht nur aufgeführt, wie ich in jeder Beziehung gescheitert war, am Thema, am Aufbau und am Stil, es waren auch persönliche Abwertungen hineingemengt. Es war nicht nur die totale Vernichtung meines Werks, sondern auch meiner Person.

Energieanstieg

Es geschah an einem Nachmittag, zwei Tage später, es war Winter und draußen wurde es bereits dunkel. Plötzlich spürte ich eine Art Energieanstieg in meinem Oberbauch, mein Zwerchfell begann unkontrolliert zu flattern. Es schien, als gehöre mein Körper nicht mehr mir. Am Abend hatte diese Energie meinen Brustkorb erreicht und kreiste stetig zwischen Herz und Bauch. Unterdessen drehte sich meine Persönlichkeit um: Aus einem selbstbewussten, teilweise überheblichen jungen Mann verwandelte ich mich in ein amorphes Gebilde. Ohnmächtig und hilflos hing ich wie ein Fähnchen im Wind – meine Stärken, auf die ich mich ein Leben lang verlassen hatte, waren verschwunden. Nun war ich nur noch Schwäche. Jeden, den ich kannte, bat ich um Hilfe und Rat. Das hatte Konsequenzen: Meine damalige Freundin begann sofort eine Affäre mit einem anderen und legte mir nahe, aus der gemeinsamen Wohnung auszuziehen; die zwei Freunde, die mir noch verblieben waren, riefen mich nacheinander an und kündigten mir die Freundschaft.

Die Nacht des verlassenen inneren Kindes

Ich zog in eine Wohnung, die kein Mensch, der bei Verstand war, angemietet hätte. In dem ewig trüben Licht dieser Wohnung saß ich am Küchenfenster, mit Ausblick auf die psychiatrische Abteilung des Eppendorfer Krankenhauses. Ab und zu klangen Schreie herüber. Die Heizung funktionierte nicht, aus der Dusche kam nur kaltes Wasser, aber das Schlimmste passierte in mir drinnen: Da war diese Flut von Gedanken, die ausschließlich um meine Wertlosigkeit kreisten. Und da war die Angst, diese tödliche Angst, allein und verlassen zugrunde zu gehen.

Ich magerte ab, und bald war ich nicht mehr in der Lage, über die Straße zu gehen und einzukaufen. Ich konnte mich nicht mehr konzentrieren, die Unruhe in mir war so groß, dass ich nicht einmal mehr einen Überweisungsträger ausfüllen konnte. Zu meinem Kurs, den ich am Dienstagabend gab und der mich mühsam ernährt hatte, erschien bald keiner mehr.

Lepra mit Aussatz

In dieser Zeit suchte ich in meiner Verzweiflung mehrere Psychoanalytiker auf – was meine Lage nur verschlimmerte: Der erste wollte mich nach zehn Minuten einweisen lassen, dem zweiten fiel plötzlich ein, dass er keinen Therapieplatz frei hatte, der dritte schob mir Psychopharmaka über den Tisch.

Es schien mir, als könne niemand meinen Zustand aushalten. Man wollte mich loswerden oder man floh vor mir als hätte ich Lepra mit Aussatz. Ich hielt diesen Zustand ein Jahr aus.

In dieser Zeit versuchte ich, hin und wieder zu schreiben und zu malen. Aber es war so unerträglich, dass ich mir schwor, nie wieder zu malen oder zu schreiben. Nie wieder wollte ich Künstler sein.

Rückkehr aus der Krise

Nach einem Dreivierteljahr begann ich eine Hypnosetherapie – Ausbildung, was in meiner Verfassung an sich ein Witz war. Trotzdem gelangte ich, wenn auch ganz langsam, aus der Krise heraus: Es schien doch noch etwas zu geben, was ich ganz gut konnte, das richtete mich auf. Es gab auch wieder eine erste vage Perspektive: Ich würde als Hypnosetherapeut arbeiten. Mit diesem Hauch von Kraft gewann ich meine Freundin zurück und kurbelte meine Kurse an. Mein Ich begann sich zu rekonstituieren und nach einigen Monaten war ich wieder ganz der Alte. Ich war durch die Krise nicht zu einer reicheren Persönlichkeit geworden. Es blieb tief in meinem Innern die panische Angst, dass mir so etwas noch einmal passieren könnte. Und ich tat alles, um mich davor zu schützen.

Was war passiert?

Heute kann ich die Vorgänge von damals besser interpretieren: Als ich das Buch schrieb und abschickte, war ich ganz mit meinem inneren Kind und seinen Wünschen identifiziert. Insofern war ich völlig ungeschützt, als die Antwort der Welt mich traf. Und da ich den Kontakt zu meinem Heutigen Ich verloren hatte, geriet ich in die Dynamik des verlassenen inneren Kindes – ein Kind im Alter von etwa fünf, das allein und hilflos ist und denkt, dass es sterben muss.

Erlaubnis hätte geholfen

Als ich das Buch *Befreie dein inneres Kind* schrieb, habe ich mich gefragt, ob es mir in meiner damaligen Krise geholfen hätte. Ich meine, das hätte es getan. Ich hätte damals alles dafür gegeben, dass mich einer gefragt hätte: *Wie fühlt sich das eigentlich im Körper an, so da zu sein, wie du jetzt da bist? Wie genau fühlt es sich im Bauch an, beschreib mir das mal, es darf sein. Wie unerträglich es auch sein mag, es darf jetzt sein, es ist okay, was du fühlst!*

Das innere Kind lieben und schützen

Eine solche Erfahrung, wie ich sie hier beschreibe, möchte ich Ihnen ersparen. Deswegen lege ich Ihnen so sehr ans Herz, die drei Instanzen in Ihnen – das innere Kind, das Heutige Ich und den inneren Kritiker – zu identifizieren und zu integrieren. Denn so schützen Sie Ihr inneres Kind und seine kreative Kraft. Ich glaube, dass wir erst dann unsere ganze Kraft entfalten können, wenn wir unser inneres Kind mit unserer heutigen Stärke schützen. Wenn wir es so liebevoll und stark beschützen, wie es Eltern tun, die ihre Kinder bedingungslos lieben.

14. Kapitel

Wie die Kraft des inneren Kindes unser Leben verändert

Sie können die schöpferische Kraft Ihres inneren Kindes auch nutzen, um berufliche Ideen oder Projekte zu entwickeln, Sie können sie in alle Bereiche Ihres Lebens fließen lassen – das Entscheidende wird es immer sein, dass Sie sich im Körper einspüren und *Es* geschehen lassen. Ganz so, wie ich es in den Kapiteln über das Malen und Schreiben geschildert habe:

1. *Schritt:* Wir gehen in den Körper mit dem Körper-Kontakt, wir spüren uns in die Empfindungen und Bilder unseres inneren Kindes ein.

2. *Schritt:* Wir laden es ein, uns wahrnehmen zu lassen, was es zu diesem Thema fühlt.

Mit dieser sich in unserem Körper einstellenden Empfindung sprechen wir wie mit einem äußeren Kind und lassen es Ideen entwickeln, die wir aufschreiben oder skizzieren können.

Es geht nicht darum, am Schreibtisch zu sitzen und sich das Hirn zu zermartern. Wenn Sie die schöpferische Kraft einsetzen, merken Sie es daran, dass es *leicht* ist. Sie sind erlöst. Wenn das nicht der Fall ist, arbeiten Sie mit Ihrem Verstand, aber nicht mit Ihrem Körper und dem inneren Kind.

Warum Kinder so leicht sind

Ein Kind spielt den ganzen Tag, ohne sich zu erschöpfen. Für uns Erwachsene ist das ein Wunder, denn wenn wir mithalten wollen, sind wir schon nach ein oder zwei Stunden fix und fertig. Der Unterschied ist, dass das Kind das Leben spielt. Ein Kind macht nur das, was es interessiert, es folgt der Energie, die es anzieht, und davon lässt es sich tragen. Das Kind verbraucht nicht seine eigene Kraft, wie wir das tun, wenn wir uns etwas vornehmen und durchziehen. Das Kind plant nicht, oder wenn, dann nur zum Spaß – um das Vorgenommene sogleich wieder fallen zu lassen, wenn etwas Interessanteres seinen Weg kreuzt. Es vergisst die Vergangenheit und lässt sich ins Jetzt fallen, es lässt sich von seinem Körper und seinem Instinkt leiten.

Gehen, wohin es uns zieht

Wenn wir mit dem gehen, wo es uns hinzieht und was uns Spaß macht, sind wir leicht. Und wir sind auch gut in dem, was wir tun. Wir sind in der Gegenwart, wir können das, was uns das Leben gerade hier und jetzt anbietet, empfangen. Wir erschöpfen uns nicht, weil wir uns von dem leiten lassen, was Kraft hat und Kraft mich sich bringt.

Manche Menschen hingegen haben Angst vor der Kraft und wehren die Impulse, die sie zur Kraft ziehen und sie auffordern, sich zu freuen und Spaß zu haben, konsequent ab. Sie trainieren das richtig, indem sie äußerst vorsichtig werden, sobald ihnen etwas Intensives begegnet.

Die Gegenwart wartet nicht

Die Technik, intensives Erleben abzuwehren, besteht darin, mit dem Gewahrsein aus dem Körper zu fliehen.

Es ist alles gerade zuviel für mich, sagen wir dann und meinen, wir könnten uns eine Auszeit von der Gegenwart nehmen – als ob die Gegenwart wie ein geduldiger Beziehungspartner wartet, bis wir wieder soweit sind, uns mit ihr zu beschäftigen.

Die Gegenwart ist jedoch immer da, und wenn wir uns ihr hingeben, statt vor ihr zu fliehen, gibt sie uns Kraft.

Sie ist es, die uns trägt, sonst niemand. Entfernen wir uns von der Gegenwart, dann berauben wir uns unserer Kraft – und erschöpfen uns.

Manche glauben, wenn sie sich dieser Kraft stellten und mit ihr gehen würden, könnte ihr gewohntes Leben in Gefahr geraten. Das stimmt.

Wenn wir uns der Kraft hingeben, können wir nicht mehr zurück, die Kraft zieht uns zum Leben. Wenn wir dieser Bewegung folgen, können wir kein Behagen mehr in der Ödnis finden.

Als ich neunzehn oder zwanzig war und kein Geld hatte, ging ich eines Tages zu einer Zeitarbeitsfirma und erhielt einen Job. Am nächsten Tag fuhr ich morgens um sieben mit einem Bus in ein Gewerbegebiet. Damals hatte ich gerade mein Abitur hinter mir und dachte, ein Leben voller Möglichkeiten und Glück würde auf mich warten – die Menschen in diesem Bus dachten nicht so. Sie hatten graue Gesichter und starrten ins Leere, niemand lachte oder sprach ein Wort. Ich erheiterte mich an dem Gedanken, ich sei in einen Zombie-Film geraten: Gleich würden sie aus ihrer Lethargie erwachen, weil etwas Lebendiges unter ihnen ist, sich auf mich stürzen und mich fressen.

Ich verließ den Bus bei der Waschpulverfabrik und meldete mich beim Vorarbeiter, der mir meine Arbeit für die nächsten drei Tage erklärte. Es dauerte nicht lang: *Waschpulver in Tonne, da Deckel, du draufhauen, mit Hammer, dreimal. DREIMAL! Du gehört?!*

Ja, ich gehört.

Am Mittag ging ich hinaus auf ein Fleckchen Wiese und aß ein Brot. Plötzlich heulte ich los. Es kam völlig unerwartet und schüttelte mich minutenlang. Ich erinnere mich, wie traurig es war, dort zu sitzen – und wie wunderschön, das zuzulassen. Ich lebte wieder, ich fühlte.

Und dann kam mir ein überwältigender Gedanke: Ich war kein Gefangener, ich war frei. Niemand auf dieser Erde konnte mich zu etwas zwingen, was ich nicht wollte. Es war mein Geist, mein Körper, mein Leben, niemand konnte mich einsperren, wenn ich es nicht wollte. Ich machte einen ersten Schritt – weg von der Fabrik. Es funktionierte.

Nie wieder den Vorarbeiter sehen, nie wieder den Lärm dieser Maschinen hören, nie wieder diesen chemischen Staub einatmen! War es wirklich so einfach? Ja! Ich lief, ich rannte, es fühlte sich immer besser an. Wahnsinn, sagte ich zu mir, du kannst einfach frei sein und leben, jetzt!

Wozu etwas aushalten?

Wenn ich mich heute daran erinnere, klopfe ich diesem jungen Mann in mir auf die Schulter und sage ihm, das war so richtig und so weise von dir, Respekt! Als ich aber damals einigen Bekannten von dieser Erfahrung erzählte, sagten sie: *Du musst auch mal etwas aushalten können, sonst wird aus dir nichts!*

Ich frage, wozu? Was soll schon Großartiges aus einem werden, wenn man sich daran gewöhnt, das innere Kind und seine Freude zu begraben?

Wenn wir uns der Kraft öffnen und spüren, wo sie hin will und ihr folgen, dann verändert sich unser Leben. Es schlägt Bahnen ein, an die wir vorher vielleicht nie gedacht haben. Es wird uns bewusst, wie wir wirklich fühlen, es wird uns bewusst, was uns gut tut und was uns nicht gut tut – und was unbedingt verändert werden muss

Einzigartigkeit

Wenn wir unser inneres Kind leben lassen, wenn wir seine Kraft spüren und ausdrücken, dann werden wir uns unserer

Einzigartigkeit bewusst – wie kostbar wir sind, wie kostbar das Kind in uns ist. Wir werden dieses Kind in uns nicht mehr opfern, nicht einmal zeitweise, stattdessen werden wir immer schneller und genauer wahrnehmen, wann es sich nicht wohlfühlt. Wir werden es schützen, ganz wie Eltern, die ein kleines Kind haben und alles dafür tun, dass es ihm gut geht. Das wird unser Leben erheblich bereichern – und es wird uns stärker machen! Wir werden nicht mehr so leicht zu manipulieren sein. Es wird sich verändern, was und wie wir arbeiten, es werden sich unsere Beziehungen verändern – vor allem wird es die Art und Weise verändern, wie wir mit uns selbst umgehen. Sie wird liebevoller werden.

15. Kapitel

Der Weisheit unseres inneren Kindes vertrauen – eine Zusammenfassung

Wie wunderschön ist es, nicht mehr denken zu müssen, sondern zu wissen und zu erfahren, dass unser Körper uns trägt – sobald wir uns körperlich öffnen und *in den Kontakt gehen*.

Körperlich öffnen

Das Fühlen des inneren Kindes ist offen, es ist nichts Abgeschlossenes. Es ist etwas, was nicht zu etikettieren und in eine Schublade zu packen ist. Wenn wir etwas fühlen und sagen: *Aha, das ist wieder meine Eifersucht!* – dann ist das gerade nicht dieses offene Fühlen, von dem ich hier spreche. Mit offenem Fühlen meine ich ein Fühlen, das sich ständig verändern kann, und tatsächlich ständig verändert.

Wenn wir ein Fühlen mit einer Benennung verknüpfen – *ah, ja, ich bin eifersüchtig!* – dann besteht die Gefahr, die Verbindung zum Fühlen zu verlieren und die Veränderungen nicht mehr wahrzunehmen. Stattdessen haben wir nun eine Konstruktion von dem Gefühl gemacht, und denken fortan über diese Konstruktion nach – was uns nicht hilft. Dahinter steckt der Wunsch, das Gefühl wegzubekommen.

Wir glauben, wenn wir es nur benennen, durchschauen wir es und werden frei von dem Gefühl.

Das Gegenteil ist der Fall, denn wir verlieren den Kontakt zum Fühlen, weil wir nun zu wissen meinen, was es ist. Wir haben es etikettiert und in eine Schublade gepackt. Dabei gleicht keine Eifersucht der anderen, keine Wut ist wie die andere. Es ist jedes Mal eine neue, eine einzigartige Wahrnehmung der Situation insgesamt. Wenn wir unseren Verstand einschalten und diese einzigartige Wahrnehmung benennen, ist es sehr schwierig, von der Benennung zurück in den Körper zum offenen Fühlen zu gelangen – wir hinken sozusagen hinter unserem Fühlen her und kämpfen darum, es einzuholen. Wir sind dann schwer und belastet, weil wir unser Fühlen verstehen und kontrollieren wollen, anstatt uns unserem Körper und seinem Fühlen hinzugeben. Wir berauben uns der Verbindung zu unserem inneren Kind und seiner Weisheit.

Sich dem Fühlen hingeben

Wenn wir offen fühlen, indem wir unser Fühlen zulassen, ohne es erfassen, benennen und kontrollieren zu wollen – wenn wir also im Bauch sind und bleiben, unser Gesäß entspannen und uns unserem Fühlen hingeben, dann hört sogleich der Kampf auf und die Anstrengung weicht. Wir werden weit und offen, wir sind ganz bei uns selbst und wir spüren, dass wir in jedem Moment neu sind. Wir sind uns selbst ein Wunder, weil wir merken, dass wir so wie in diesem Moment, noch nie da gewesen sind und nie wieder so da sein werden.

Dagegen sind die Gefühle, die wir benennen und zu haben glauben, nur alte Kamellen. Wir erschlagen mit diesen Konstrukten, die wir aus den Erfahrungen unserer Vergangenheit entwickelt haben, die Gegenwart und berauben uns der Erfahrung, das Hier und Jetzt zum ersten Mal zu erleben.

Hineinwerfen

Das Offensein im Körper, dieses erlaubende Zulassen in Bauch und Becken, macht uns nicht nur frei, es macht uns auch authentisch und schöpferisch. Wir ringen nicht mehr mit der Wirklichkeit, die wir wahrnehmen, sondern wir nehmen sie körperlich an und sind *mit* ihr – wir werfen uns in sie hinein und werden von ihr getragen.

Unsere Tage verbringen wir nicht mehr damit, Pläne zu entwickeln, sie zu korrigieren und abzuarbeiten. Stattdessen sind wir *jetzt* da, und wir sind *ganz* da: mit den Bildern und Ideen, die in uns aufsteigen, mit unseren Erinnerungen und den Verknüpfungen zu unserer Kindheit.

Das empfangende Dasein

In dem Werk von Proust „Auf der Suche nach der verlorenen Zeit" gibt es die häufig zitierte Passage, wo der Geruch in einer Bäckerei Erinnerungen der Kindheit wachruft, die sich mit der Gegenwart verweben – diese Art, da zu sein, ist hier gemeint: ein empfangendes *Da-sein*.

Radikale Erlaubnis

Ich bin in diesem Zustand nicht dauerhaft, aber manchmal. Dann gibt es keinen Kampf mehr in mir, dann gibt es keine Notwendigkeit für mich, innerlich zu arbeiten und zu mir zurückzufinden.

Manchmal werden mir diese Zustände zuteil, ohne dass ich etwas dafür geleistet habe, manchmal tue ich etwas dafür. Gewöhnlich versetze ich mich um die Mittagszeit in diesen Zustand: Ich setze mich bequem hin, bedecke meine Augen mit einem Tuch, sodass ich nichts sehe, verstopfe mir die Ohren, sodass ich nichts höre, und dann gehe ich in dieser Abgeschirmtheit mit meiner Aufmerksamkeit durch meinen Körper und begrüße alles, was ich wahrnehme. Ich begrüße jeden Gedanken, jeden Impuls, jedes Gefühl. Ich bin einfach nur da und erlaube mich radikal.

In der Regel dauert es nicht lange, und ich falle in eine tiefe Trance. Früher habe ich solche Zustände gesucht, um mein Unterbewusstsein mit hypnotischen Suggestionen zu beeinflussen, das mache ich heute nicht mehr. Heute geht es mir darum, mich ganz hinzugeben, ganz loszulassen und zu allem in mir Ja zu sagen. Dadurch entsteht ein traumähnlicher Zustand: Mein Bewusstsein für die Gegenwart verwebt sich mit Bildern und Geschichten, die aufsteigen. Ich halte nichts davon fest, ich lasse das alles durch mich durch. Einmal habe ich etwa fünfzig Bilder gesehen, die mir wie in einem Kalender nacheinander gezeigt wurden, jedes Bild war absolut kreativ und faszinierend. Ein Teil von mir meldete sich und sagte: Merk dir diese Bilder, mal sie und du wirst der größte Künstler auf dieser Erde sein! Ich sagte innerlich, *ja, okay, mach' ich*, und vergaß sie noch im selben Augenblick.

Diese Art, mich zurückziehen und zu allem in mir ja zu sagen, keine Absicht zu verfolgen außer der, mich wohlzufühlen, ist die einzige Disziplin, die ich einhalte. Oder ich male oder schreibe, dabei gerate ich in einen ähnlichen Zustand – ich betrete ein Refugium, einen Ort, der mir Rückhalt und Frieden schenkt, einen Zustand, der mich an einen Reichtum anbindet, den ich weder verstehen kann noch will, und den ich wohl deshalb um so mehr genieße. Eigentlich hat es nichts mit Disziplin zu tun, es ist nichts, was ich mir auferlegen muss.

Wenn Tage vergehen, in denen ich keine Zeit oder keine Ruhe finde, in diese Zustände einzutreten, werde ich zu einem übellaunigen Gesell. Dann fängt mich die Illusion ein, ich müsste mich anstrengen, ich müsste mich und mein Leben verändern. Ich gerate unter Druck und fühle mich unfrei, dabei weiß ich es im Grunde besser: Ich weiß, dass dieser Zustand ein reduzierter ist – und dass nicht allzu viel dabei herauskommt, wenn ich in diesem Zustand handle.

Das Ungetane aushalten

Früher bin ich krank geworden, wenn ich mich auf diese Weise unglücklich gemacht habe, heute merke ich es schneller, wie wenig gut mir eine solche leistungsorientierte

Haltung tut – und ziehe die Bremse. Das Meiste, was ich unter Anstrengung vollbringe, entpuppt sich bald als etwas, was besser ungetan geblieben wäre. Wo die Energie von selbst hingeht, was mir ungeplant einfällt und spontan Spaß macht, das erweist sich als das wirklich Erfolgreiche – ich bin dann auch gut in dem, was ich mache. Und es ist ein kraftvoller Zustand! Es entsteht Kraft daraus, den Angelegenheiten, die scheinbar unbedingt getan werden müssen, zu widerstehen – sie *ungetan* auszuhalten und *gleich* frei zu sein.

Da gibt es diese Versuchung, alles, was Erledigung fordert, abzuarbeiten, um in einem fernen Irgendwann endlich wieder frei zu sein. Aber wenn wir dieser Versuchung nachgeben und uns – die Gegenwart und was wir fühlen – zum Opfer bringen, werden wir dieses Irgendwann nie erreichen. Es ist wie der Kampf gegen die Köpfe einer Hydra, wir erledigen eine Sache, aber zwei neue wachsen daraus hervor. Wenn wir hingegen dieser Versuchung widerstehen und innehalten, können wir uns von unserem Körper zeigen zu lassen, was das Beste ist, jetzt, in diesem Augenblick!

Die Wahrheit ist, dass auch ihr Gegenteil wahr ist

Unsere gemeinsame Reise durch das Reich des inneren Kindes und seiner schöpferischen Kraft nähert sich dem Ende. Ich habe in diesem Buch versucht, Sie für diese Reise zu begeistern, ich habe versucht, diese Zustände eines erweiterten Bewusstseins mit Leidenschaft zu beschreiben, und ich hoffe, der Funken ist auf Sie übergesprungen. Nun könnte aber auch der Eindruck entstehen, es handle sich hierbei um eine Art Heilsweg – und ich sei ein Meister.

Nun, ich hoffe, ich habe Ihnen genug aus meinem Innenleben gezeigt, dass Sie wissen, dass ich das nicht bin. Ich habe über meine Erfahrungen geschrieben, um mich erkennbar zu machen. Ich möchte, dass Sie wissen, dass ich genauso ein Ringender und Suchender bin wie Sie – einer, der mindestens genauso viel Probleme hat wie Sie.

Meister und weiße Wände

Es gibt einen Teil in mir, dem würde es wohl gefallen, Meister zu sein. Ja, da gibt es diesen Guru-Teil in mir, auch der will und soll sein dürfen. Ich kann ihn fühlen und mit ihm sein – das mag mich davor schützen, mich mit ihm zu identifizieren und ihm zu glauben. Früher bin ich diesem Teil häufig aufgesessen: Mit Anfang Zwanzig verbrachte ich mehrere Jahre in einer Sekte, und als ich mich daraus befreit hatte, habe ich in einigen Psychotherapie-Methoden wiederum Heilslehren gesehen und mich ihnen radikal verschrieben. Einige Jahre war es die Psychoanalyse, später Transpersonale Psychologie und Holotropes Atmen, NLP, Hypnose und Familienstellen.

Auf diesen Wegen traf ich auf einige Menschen, die ich für Meister hielt. Menschen, die mir wie eine weiße Wand erschienen. Keine Flecken. Damit meine ich Menschen, die nicht zeigen, dass sie Probleme haben und in Konflikten stehen, sondern immer nur Lösungen anbieten. Ich eiferte ihnen nach, ich wollte auch so perfekt sein, so heil – immer gelassen, souverän und frei. Tatsächlich aber fühlte ich mich auf diesen Wegen meist minderwertig, etwas in mir stimmte nicht und musste verändert werden. In der Gegenwart dieser *Meister* spürte ich den Druck, dass ich nicht gut genug war.

Meine Unfreiheit, mein Unwohlsein, die Widerstände, die ich auf diesen Wegen empfunden habe, betrachtete ich als mein Unvermögen – als Fehler in mir, die ich zu überwinden hatte. Ich hatte auf diesen Wegen noch nicht erkannt, dass auch das Gegenteil wahr sein könnte. Und ich hatte noch nicht die Fähigkeit entwickelt, auf meinen Körper zu hören.

Wenn Sie sich im Laufe dieses Buches unwohl oder unfrei gefühlt haben, übergehen Sie das bitte nicht. Wenn Sie merken, dass eine Art Druck auf Sie übergeht, so nehmen Sie das bitte ernst und lassen Sie die Ideen, die diesen Druck erzeugen, wieder los. Gehen Sie bitte liebevoll mit sich um. Beachten Sie, was Ihr Körper Ihnen sagt und behandeln Sie die Empfindungen wie kleine Kinder, die Aufmerksamkeit und bedingungslose Liebe brauchen.

Vom Schmerz treffen lassen

Was mich selbst anbetrifft, ich glaube, ich bin heute nicht mehr so empfänglich für Heilslehren, wie ich das früher einmal war. Durch die Arbeit, die ich in diesem Buch und auch in *Befreie dein inneres Kind* vorgestellt habe, bin ich mir meiner Verletzbarkeit bewusster geworden. Ich bin mir meiner Schwächen, meiner Sensibilität und vor allem meiner Grenzen bewusster geworden. Viel Anteil daran hat auch mein Sohn Robin, der jetzt sieben Jahre alt geworden ist. Wenn ich an meinen Sohn denke, geht mir mein Herz auf und ich merke, wie fragil das werdende Leben ist, wie zart und verletzlich. Und wenn ich mit ihm zusammen bin, seine Lebendigkeit und unbändige Kreativität erlebe, seine Freude, die Intensität seiner Gefühle, und die Verzauberung, die die Welt in seinem Erleben erfährt, dann reißt bei mir nicht selten eine riesige Wunde auf, ein großer Schmerz – der Schmerz um das Kind, das ich einmal war, und um seine verlorene Kindheit. Diesen Schmerz verdränge ich nicht, ich kämpfe auch nicht gegen ihn an. Ich lasse mich von ihm treffen. Ich glaube, dass es für Eltern das Schwierigste ist, diesen Schmerz über die eigene verlorene Kindheit anzunehmen. Wenn Eltern diesen Schmerz nicht annehmen, sondern sich davor schützen, dann, glaube ich, bekämpfen Sie das Kindliche nicht nur in sich selbst, sondern auch in ihren Kindern. Es werden dann lieblose Eltern – Eltern, die zwar guten Willens sind, aber nicht merken, dass sie selbst ein Kind in sich haben. Solche Eltern werden Erziehungsautomaten: Selbst ständig überlastet, arbeiten sie das Heranwachsen ihrer Kinder ab, anstatt mit der bedingungslosen Kreativität ihrer Kinder mitzugehen und selbst wieder Kind zu werden.

Ich hoffe, dazu lädt Sie dieses Buch ein: das Kind in Ihnen
aufleben zu lassen, den Reichtum Ihrer Innenwelt zu entdecken und ihn immer wieder zu entfalten.

16. Kapitel
Wer mich beeinflusst hat

Was ich in diesem Buch vorgestellt habe, ist sicherlich nicht neu oder zum ersten Mal beschrieben worden. Bewusst, das versichere ich Ihnen, plagiiere ich nichts, aber unbewusst tue ich das bestimmt reichlich. Manches, was ich gelesen habe, steigt nach Jahren auf und erscheint als so etwas wie mein eigener Gedanke. Aber bin ich es, der diese Gedanken macht, sind sie mein Besitz oder meine Leistung? Sicher nicht, sie fallen mir ein, kommen aus dem Nichts, und wenn ich etwas leiste, dann das, dafür offen zu sein und mich auf sie zu konzentrieren – ein Gefäß zu sein, in dem sie sich formen. So ist das, was an diesem Buch neu oder einzigartig ist, vielleicht nur das Wie. Wie ich die Dinge zusammenstelle und wie ich erzähle. Ich wollte ein Buch schreiben, bei dem Sie merken, wer hinter den Gedanken steht. Ich selbst mag Bücher, bei denen ich die Persönlichkeit des Autors spüren kann.

Ich möchte einige der Quellen erwähnen, die mich berührt haben und die mir Lust gemacht haben, meine schöpferische Energie zu entfalten.

Picasso

Was das Malen anbetrifft, interessierte mich eigentlich nur Picasso. Von dem Erlebnis mit Guernica habe ich zu Anfang des Buches berichtet, ich war aber auch einmal in einer Ausstellung von Picasso. Es war so eine Ausstellung, wo man mit einem Kopfhörer ausgestattet wird und dann die Reihenfolge vorgeschrieben bekommt, in der man die Werke betrachten soll. Ich mag das nicht und habe mir keinen Kopfhörer geliehen. Ich will von dem ganzen Drumherum, welche Periode, welche Technik, gar nichts wissen. Ich will keine Kopfgeburt in mir produzieren, sondern ich will das Bild oder die Skulptur betrachten und mich von ihr so, wie sie ist, treffen lassen. Dann weiß ich schon, worum es geht – wie bei der Guernica-Erfahrung: Ich brauchte damals nichts über die Stadt und ihr grausames Schicksal zu wissen, ich verstand das Bild mit dem Herzen, das ist mir das Wichtigste.

Auf dieser Ausstellung stand ich irgendwann vor dem *Stierschädel,* das ist nur ein alter Fahrradsattel und ein Lenker oben draufgesetzt, aber man sieht nur den Stier, es ist genial. Ich musste lachen und mir war, als würde ich den Spaß spüren, den Picasso dabei gehabt hatte, als er diese Skulptur zusammensetzte. Wenn ich jetzt daran zurückdenke, freut sich mein inneres Kind darüber.

Ich habe auch einen Druck von Picasso an der Wand hängen, an der Seite meines großen Schreibtisches, da links, auf Robins Seite, hängt es. Gelber Hintergrund, ein paar Kreise und in der Mitte ein Strichgesicht wie ein Smiley. Und drei Kinderstrichmännchen mit Bärten, die wie Stierhörner aussehen. Als Robin noch keine drei Jahre alt war und ich ihn durch die Wohnung trug, zeigte er immer wieder auf dieses Bild und rief: *Da!!!* Wenn ich auf das Bild schaue, wie jetzt, komme ich in Kontakt mit dem kleinen, spielenden Jungen in mir.

Kafka

Was das Lesen anbetrifft und mir Lust macht, mich fallen zu lassen und selbst zu schreiben, da lese ich gerne Kafka. In der Schule, erinnere ich mich, wusste ich nicht, was das sollte, was Kafka schrieb. Ich habe damals kein Wort davon verstanden. Ich habe das Gefühl, welches beim Lesen Kafkas entsteht, gar nicht zulassen können. Die Wende kam fünfzehn Jahre später, als ich *Das Schloss* zu lesen begann. Dieses Buch liebe ich und lese es wohl alle drei bis vier Jahre wieder, es versetzt mich schon nach den ersten Sätzen in Trance. So geht es mir auch bei *Der Prozess* und den Kurzgeschichten. Bei Kafka gibt es nur Konflikt, keine Lösung, schon gar keine befriedigende. Er führt die Dinge nicht zu einem Ende, er schließt nicht ab. Mich entspannt das. Kafka aktiviert mein Unterbewusstsein, ich empfinde es als fantastischen Genuss, Kafka zu lesen.

Göttersagen

Mein erstes Buch, das ich leidenschaftlich geliebt habe (und immer noch liebe), war *Die klassischen Götter und Heldensagen* von Gustav Schwab. Nach den ersten Seiten, ich war damals wohl zehn oder elf Jahre alt, habe ich gejubelt! Ich habe geglaubt, an diesem dicken Buch könnte ich für den Rest meines Lebens lesen – das tue ich in gewisser Weise auch wirklich, es liegt bei mir am Bett, es ist das Buch für alle Fälle. Wenn alle Stricke reißen, hole ich es hervor und versenke mich in die traumhafte Welt der Sagen.

Henry Miller

Dann gibt es noch Henry Miller, ihn möchte ich zum Schluss nennen. Henry Miller wurde zu Unrecht als Sex-Autor herabgewürdigt, in Wahrheit ist er ein radikal Suchender gewesen und ist, so wie ich es sehe, am Ende seines Lebens zu einem weisen Mann geworden. Ich habe mit 17, 18 Jahren den *Wendekreis des Steinbocks* in die Hände bekommen, und das hat mich, glaube ich, für ein normales Leben verdorben. Die ersten drei, vier Seiten haben mich wie bei keinem zweiten Buch getroffen, das erinnere ich noch genau, danach wurde das Buch teilweise langatmig, aber ich hielt durch für diese authentischen Passagen, die es immer wieder gab. Da schreibt Miller einfach und klar über sich selbst, beschönigt nichts. Am Ende seines Lebens schrieb Henry Miller kleinere Bücher, in denen gibt es nur noch dieses Einfache und Echte. Daher liebe ich das Buch *Mein Leben und meine Welt* am meisten. Am Ende dieses Buches kehrt Miller zurück zu seiner Kindheit, zu dem kleinen Jungen, der er einmal war.

Auf den letzten beiden Seiten gibt es zwei Fotos, die gegenübergestellt wurden. Wann immer ich die sehe, steigen mir die Tränen in die Augen: Der achtzigjährige Miller steht rechts und winkt dem kleinen sechsjährigen Miller auf dem anderen Foto zu, darunter schreibt er: *Die Jahre, die zwischen diesen beiden Aufnahmen liegen, waren gut zu mir. Irgendwie ist das ein Anfang, oder?*

Das stelle ich mir unter Selbstverwirklichung vor: Wir sind Kinder, wir sind unbewusst und unser ganzes Leben ist Spiel. Wir verlieren die Kindheit, wir verlernen zu spielen, wir gehen bis zum äußersten Punkt der Abtrennung vom Kind in uns. Dann kehren wir zurück, wir erlösen unser inneres Kind und am Ende spielen wir das Leben wieder, nun mit vollem Bewusstsein – und der Kreis ist geschlossen.

Anhang

A. Zitate und Quellen

B. Bilder

C. „Hitlisten"

D. Weiterführendes Angebot

A. Zitate und Quellen

Meister Eckhart
Zitiert aus „Meister Eckhart, Ausgewählte Texte",
Goldmann Verlag, München 1987

William Blake
Zitiert aus: „Meine Jugend hat spät begonnen",
Henry Miller, Rowohlt Taschenbücher, Reinbek 1993

Henry Miller
Zitiert aus: „Meine Jugend hat spät begonnen",
Reinbek 1993 und „Mein Leben und meine Welt",
Reinbek 1974, beide Rowohlt Taschenbücher

B. Bilder

Die Bilder, auf die ich in diesem Buch hinweise,
finden Sie auf der Website: www.mike-hellwig.de

C: „Hitlisten"

A. Literatur

1. Franz Kafka
» Das Schloss

» Die Erzählungen » Der Prozess

2. Robert Walser
» Der Gehülfe

» Mikrogramme

3. Henry Miller
» Wendekreis des Steinbocks

» Mein Leben und meine Welt

» Meine Jugend hat spät begonnen » Sexus

» Lachen, Liebe, Nächte

» Stille Tage in Clichy

4. Fjodor Dostojewski
» Die Brüder Karamasow » Schuld und Sühne

» Der Spieler

5. Ernest Hemingway
» Inseln im Strom

» In einem anderen Land

» Fiesta

6. Gustav Schwab

» Die schönsten Sagen des klassischen Altertums

7. Lewis Carrol

» Alice im Wunderland

» Alice hinter den Spiegeln

8. D.M. Thomas

» The White Hotel

9. Knut Hamsun

» Mysterien

10. Albert Camus

» Der Fall

11. Stephen King

» The Dark Tower I–IV

12. William S. Burroughs

» Junky

13. Thomas Mann

» Der Zauberberg

» Dr. Faustus

B. Fachbücher

Sigmund Freud

»Vorlesungen zur Einführung in die Psychoanalyse

» Die Traumdeutung

» Abriss der Psychoanalyse. Das Unbehagen in der Kultur

Meister Eckhart

» Deutsche Predigten und Traktate » Ausgewählte Texte

Gene Gendlin

» Focusing-orientierte Psychotherapie

» Dein Körper – Dein Traumdeuter

» Focusing

» Focusing in der Praxis

» Focusing und Philosophie

Ann Weiser Cornell

» Focusing: Der Stimme des Körpers folgen

» The Focusing Student's and Companion's Manual,
  Part One and Two

» The Radical Acceptance of Everything

Thomas Trobe

» Liebeskummer lohnt sich doch

Peter A. Levine

» Sprache ohne Worte

Friedrich Nietzsche

» Der Antichrist

» Was bedeuten asketische Ideale? » Also sprach Zarathustra

Stephen Wolinsky

» Beginners Guide to Quantum Psychology

Robert Augustus Masters

» Darkness shining wild » Emotional Intimacy

Stephen King

» OnWriting: A Memoir of the Craft

Wilhelm Reich

» Die Funktion des Orgasmus

Richard Schwarz

» Systemische Therapie mit der inneren Familie

Stan Grof

» Geburt, Tod und Transzendenz

C. Weiterführendes Angebot

I: Ein Kurs in Radikaler Erlaubnis

II: Bücher

III: Seminarvideos

IV: Radikale Erlaubnis Demonstration

V: Eintauchen in das, was ist: TV-Interview

I. Ein Kurs in Radikaler Erlaubnis

Radikale Erlaubnis *inTrance*

Nach zehn Jahren Seminararbeit transformiert Mike Hellwig den gesamten Prozess der Radikalen Erlaubnis in eine hypnotische Tiefenerfahrung. Dieser hochwertig produzierte audiovisuelle Trance-Kurs (2021) baut auf den Büchern des Radikalen Erlaubnis Projekts auf und soll ermöglichen, die Haltung einer Radikalen Erlaubnis tief im Unterbewusstsein zu verankern.

Trance I „Dein Körper" bildet die Basis der Radikalen Erlaubnis und eignet sich zu einem Einstieg sowie zum Testen, ob man tiefer einsteigen möchte.

Trance 2 (und die folgenden drei Trancen) bauen auf dieser Erfahrung auf und arbeiten intensiv mit den Wunden der Kindheit. Daher wenden sich die Trancen ab Stufe 2 an Menschen, die sich in der Tiefe auf eine Radikale Erlaubnis von allem, was in ihnen ist, einlassen möchten.

Hinweis:

Ein hypnotischer Trance-Kurs wirkt auf das Unterbewusstsein. Daher geht es in den einzelnen Trancen weniger darum, etwas zu verstehen und verstehen zu wollen, sondern sich zu entspannen und einer Erfahrung hinzugeben. Für ein integrierendes Verständnis stehen die drei Bücher des Radikalen Erlaubnis Projekts zur Verfügung, sowie die Videos der Seminararbeit und Mike Hellwigs Demonstration einer Einzelarbeit.

Weitere Informationen: www.radikale-erlaubnis.de

II. Bücher: Das Radikale Erlaubnis Projekt

Band 1: Radikale Erlaubnis
Energetischen Missbrauch erkennen und beenden *(2014)*
Auch als Hörbuch erhältlich.

Sich erlauben, absolut echt zu sein!

Das ist die Essenz der Radikalen Erlaubnis – einer Methode, die Mike Hellwig in seiner langjährigen therapeutischen Arbeit mit dem inneren Kind entwickelt hat. Sie besteht darin, jeden Gedanken, jedes Gefühl und jeden Konflikt unzensiert anzuerkennen.

In diesem ersten Buch seines groß angelegten Radikale Erlaubnis Projekts auf dem Weg zu einem Menschen, der sich vollumfänglich zu seiner Verwundung bekennt, gewährt der bekannte Therapeut einen rückhaltlosen Einblick in seine einzigartige Arbeit. Er leitet dazu an, den energetischen Missbrauch, den wir in unserer Kindheit erfahren haben und seitdem mit uns selbst und anderen betreiben, zu beenden. Er demonstriert, wie sich jede Neurose auflöst, wenn wir für unser Bauchgefühl eintreten und bekennen, was wirklich in uns lebendig ist.

„So knallhart unter dem Zwerchfell zu bleiben und sich nicht zu verstricken, ist eine Qualität, die entsteht, wenn wir uns erlauben, jeden Gedanken, jedes Gefühl, ja überhaupt jede Wahrnehmung als ein inneres Kind zu behandeln.“

Band 2: Traumaheilung durch Radikale Erlaubnis
Mein Leben mit Trauma und meine Therapie der Radikalen Erlaubnis *(2016)*

„Das, was wir vor der bewussten Wiederbegegnung mit unserem Trauma unbedingt verborgen halten mussten, was niemand von uns je wissen durfte, das bringen wir hervor – und das heilt uns!"

Den Weg aus der toxischen Scham, die jedes Trauma hinterlässt, hat Mike Hellwig in jahrzehntelanger Erforschung gesucht, die Essenz seiner Arbeit legt er in diesem Buch vor: Die Radikale Erlaubnis für alles, was in uns ist.

In dem zweiten Band seines groß angelegten Radikale Erlaubnis Projekts geht Mike Hellwig den Schritt vom unterweisenden Therapeuten zu einem Menschen, der sich schonungslos ehrlich offenbart und vollumfänglich zu seiner eigenen Verwundung bekennt. So spricht der bekannte Therapeut offen über seine eigene, von schwerem Kindheitstrauma geprägte Geschichte und zeigt gleichzeitig auf, wie die bewusste Wiedererfahrung unseres Traumas zu einer Aussöhnung in der tiefsten Tiefe mit uns selbst führt.

(„Traumaheilung durch Radikale Erlaubnis" ist auch in englischer Sprache unter dem Titel „Opening the wound" verfügbar.)

Band 3: Radikale Kreativität
Befreie deine schöpferische Energie *(2017)*

Vorarbeiten:

Wie wir uns vom positiven Denken heilen:
Über die Freiheit, alles fühlen zu dürfen
(2012, Verlag Herder)

Befreie dein inneres Kind: Wie Sie sich selbst geben,
was Ihnen Ihre Eltern nicht gaben
(2011, Verlag Herder; 2007, Lüchow Verlag)

III. Seminarvideos

Mike Hellwig stellt die „Radikale Erlaubnis" in Videos aus zehn Jahren Seminararbeit (2010 – 2020) auf Vimeo zur Verfügung.

IV. Radikale Erlaubnis Demonstration

Dieser Lehrvideokurs zeigt Mike Hellwig in der Einzelarbeit mit einer Seminarteilnehmerin: In seinem typischen Humor demonstriert und kommentiert Mike Hellwig die einzelnen Schritte der Radikalen Erlaubnis. Im Verlauf dieses Prozesses arbeitet er außerdem mit einem Teil, den zwar jeder hat, aber häufig tabuisiert: Einen Teil in uns, der sterben möchte.

V: Eintauchen in das, was ist – TV-Interview

3-teiliges Interview über Mike Hellwig und die Radikale Erlaubnis

Alle Informationen auf: www.radikale-erlaubnis.de

www.ingramcontent.com/pod-product-compliance
Lightning Source LLC
Chambersburg PA
CBHW051045250726
48656CB00001B/153